AF194893

Der Chemische Faktor

Ein Management Buch
über Führung

Kontakt:

 christian.m.wegner@web.de

 http://linkedin.com/in/christian-m-wegner-852012123

 http://twitter.com/ChrisWegner99

Bibliografische Information der Deutschen National-bibliothek: Die Deutsche Nationalbibliothek verzeichnet diese Publikation in der Deutschen Nationalbibliografie; detaillierte bibliografische Daten sind im Internet über dnb.dnb.de abrufbar.

Verlag: BoD • Books on Demand GmbH, In de Tarpen 42, 22848 Norderstedt
Druck: Libri Plureos GmbH, Friedensallee 273, 22763 Hamburg
ISBN: 978-3-7543-9514-1

Dieses Buch ist auch als E-Book erhältlich

Inhaltsverzeichnis

Der Chemische Faktor

Der Chemische Faktor

Persönliche Worte

Jede eigentümliche Tätigkeit bedarf, wenn sie mit einer gewissen Virtuosität getrieben werden soll, eigentümlicher Anlagen des Verstands und des Gemüts.

Carl von Clausewitz, Vom Krieg, 1832

Die Motivation, dieses Buch zu schreiben, gründet auf meiner Beobachtung, dass in der heutigen Geschäftswelt solche „eigentümliche Anlagen des Gemüts" eine nur untergeordnete Rolle bei der Auswahl von Personen für Führungsaufgaben spielen. Aus diesem Grund herrschen heute allzu oft Manager/-innen ohne Empathie und ohne Motivationstalent über Organisationen und verhindern aufgrund ihrer Unfähigkeit, das gesamte Potenzial ihrer Mitarbeitenden zu entfesseln, dass Unternehmen ihre bestmögliche Leistung erreichen. Es ist insbesondere diese „Anlage des Gemüts", die große Führungspersönlichkeiten von dem Rest unterscheidet.

Der Chemische Faktor gründet auf meinen Erfahrungen im geschäftlichen Umgang über nahezu vier Jahrzehnte beruflicher Aktivität mit einer Vielzahl von Unternehmen und Organisationen, wie Kunden, Lieferanten, Partnern und natürlich dem Unternehmen, in dem ich den größten Teil meines beruflichen Lebens tätig war. Die Aufrechterhaltung meines beruflichen Interesses auch nach meinem Übergang in den Ruhestand eröffnete mir zusätzliche sehr interessante Einblicke in weitere

Der Chemische Faktor

Unternehmen. Diese Erkenntnisse waren ebenfalls eine sehr wertvolle Quelle der Inspiration zum Schreiben dieses Buches.

Ich widme dieses Buch meinen Eltern. Von meiner Mutter habe ich die Freude am Schreiben. Von meinem Vater lernte ich, dass harte Arbeit und Beharrlichkeit ein gutes Rezept für eine erfolgreiche berufliche Verwirklichung sind. Von beiden konnte ich Respekt und Demut lernen.

Ich möchte an dieser Stelle drei meiner früheren Manager, die meinen beruflichen Werdegang am meisten beeinflusst haben, meine besondere Anerkennung aussprechen. Demjenigen Manager, von dem ich lernen konnte, was Führung überhaupt ist, und der mir meine erste wichtige Führungsposition anvertraute. Demjenigen Manager, der mir während der Integration eines wichtigen zusätzlichen Geschäftszweigs sein Vertrauen schenkte und seine volle Unterstützung zusicherte. Und schließlich demjenigen Manager, der mich während der letzten Jahre meiner beruflichen Laufbahn vor meinem Ruhestand begleitete. Von ihm stammt der Leitsatz: „Der CEO ist der oberste Diener seines Unternehmens". Zurückschauend wird mir deutlich, wie stark ihr Einfluss auf meine Karriere und auch auf mich als Person war. Insbesondere empfand ich ihr Vertrauen als sehr motivierend, und deshalb spielt das Vertrauen zwischen Managern/-innen und ihren Mitarbeitenden in meinem Buch eine zentrale Rolle.

Ich möchte meine tiefe Verbundenheit gegenüber meiner ehemaligen Organisation, dem internationalen Serviceteam von Siemens Logistics, das ich mehr als zehn Jahre leiten durfte, zum Ausdruck bringen. Unsere außergewöhnlichen Erfolge sind für mich immer noch Grund zu großer Freude und Stolz.

Der Chemische Faktor

Abschließend möchte ich meine Dankbarkeit gegenüber der Siemens AG bekunden. Dem Unternehmen, das mir die Chance gab, meine beruflichen Ziele zu verwirklichen, und mein berufliches Zuhause für so viele Jahre war. Ein ‚Siemensianer' zu sein, hat mir immer sehr viel bedeutet.

Christian M. Wegner

Mai, 2021

Der Chemische Faktor

Vorwort

Im Laufe meines Berufslebens hatte ich das Glück, einige großartige Menschen kennenzulernen, von denen ich viel über Management und das Geschäft lernen konnte. Ich bekam auch die Chance, selbst als Manager tätig zu werden. Nach meinem Übertritt in den Ruhestand zog ich ein Resümee meiner beruflichen Laufbahn und stolperte unweigerlich über die Frage: „Was macht einen guten Manager beziehungsweise eine gute Managerin aus?"

Viele Top-Manager/-innen – manche von ihnen schafften es sogar auf die Titelseite bekannter Business-Magazine – hinterließen einen Scherbenhaufen, nachdem sie ursprünglich gesunde Unternehmen übernommen hatten. Ihnen allen wurde eine starke Persönlichkeit, Machtstreben und eine hohe Fähigkeit, Entscheidungen zu treffen, zugesprochen – alles traditionelle Eigenschaften guter Führungskräfte.

Was also lief schief?

Wenn eine starke Persönlichkeit in Narzissmus mündet und verhindert anzuerkennen, dass andere Menschen ebenfalls zu hohen Leistungen fähig sind, wenn der Hunger nach Macht vom Wesentlichen der Aufgabe ablenkt und wenn übertriebenes Selbstbewusstsein zu falschen Entscheidungen verleitet, haben diese Fähigkeiten keinen Wert mehr. Im Gegenteil, sie werden zu Risikofaktoren für die Unternehmen. Es ist befremdlich zu sehen, dass die heutige Geschäftswelt solche Leute nach wie vor akzeptiert und ihnen wiederholt Chancen einräumt.

Der Chemische Faktor

Also, was macht einen guten Manager oder eine gute Managerin aus?

Es gibt eine Reihe von grundlegenden Eigenschaften und Fähigkeiten, wie berufliches Talent, Integrität, Durchhaltevermögen und Sorgfalt, die zweifellos helfen. Darüber hinaus, glaube ich, sind wahres Vertrauen und Demut die zwei Managerqualitäten, die den entscheidenden Unterschied ausmachen.

Das gesunde Vertrauen einer Führungsperson in die eigenen Stärken verströmt das gewisse Maß an Souveränität, das erforderlich ist, damit die Mitarbeitenden an die Führungsqualitäten ihres/-er Vorgesetzten glauben und fühlen, dass sie der richtigen Person folgen. Noch wichtiger ist es aber, dass eine Führungsperson ihren Mitarbeitenden vertraut. Erst das Vertrauen in die eigenen Leute entfesselt das gesamte kreative Potenzial eines Teams. Viele Manager/-innen vertrauen ihren Mitarbeitenden nicht wirklich. Sie betrachten sie eher als Betriebsmittel, die eine gewisse Leistung bringen müssen. Oft glauben sie, dass ohne einen gewissen Zwang und Kontrolle ihre Mitarbeitenden eher versuchen würden, eine ruhige Kugel innerhalb ihrer Komfortzone zu schieben. Manche würden das tun, kein Zweifel. Jedoch ohne das Vertrauen ihrer Führungskräfte werden gute Mitarbeiter/-innen ihre Talente und Fähigkeiten nie richtig entfalten können. Folglich werden sie nicht in der Lage sein, ihre bestmögliche Leistung zu erreichen.

Vertrauen ist ein Wert, der von den Managern/-innen und ihren Mitarbeitenden gleichermaßen geteilt werden muss. Es ist ebenso schwer aufzubauen, wie es leicht zu zerstören ist. Die Initiative zur Vertrauensbildung sollte vom Manager beziehungsweise von der Managerin ausgehen, und es gibt keinen einfachen Weg oder Patentrezept, wie Vertrauen aufgebaut werden kann. Allzu oft umgeben sich Führungskräfte mit Leuten, die sie aus vorherigen Tätigkeiten und Aufgabenbereichen kennen. Dies birgt das Risiko, dass alte Gewohnheiten, Strukturen und Verhaltensmuster beibehalten und somit neue Ideen, Wandel und Erneuerung ausgebremst werden. Vertrauen muss erarbeitet und verdient werden, von den Vorgesetzten ebenso wie von ihren Mitarbeitenden. Wenn Vertrauen frei gewährt und zur Gewohnheit wird, kann dies schnell zu einer hohen Bürde für das Unternehmen werden.

Moderierte Workshops, Abenteuercamps und andere Team-Veranstaltungen sind keine geeigneten Mittel, um wahres Vertrauen herzustellen. Die Vorstellung, dass gemeinsames Frieren in einer kleinen Holzhütte während einer kalten Winternacht oder der gemeinsame Verzehr irgendwelcher Larven in einem Abenteuercamp den Zusammenhalt fördern und gegenseitiges Vertrauen schaffen, ist schlichtweg falsch. In solchen Situationen spielen die meisten Anwesenden bloß die Rolle, die von ihnen erwartet wird. Denkend, „Es ist sowieso in ein paar Tagen vorbei", werden sie diese Rolle nur für kurze Zeit aufrechterhalten, ohne dass ein grundlegender innerer Wandel stattfindet. Die meisten Ergebnisse, sorgfältig am Ende solcher Veranstaltungen dokumentiert, verlieren schnell ihre Gültigkeit im betrieblichen Alltag. Es ist nicht notwendig, künstliche Umstände herbeizuschaffen, die helfen sollen, Vertrauen aufzubauen. Das Tagesgeschäft bietet genügend solche Gelegenheiten. Wahres Vertrauen kann nur entlang einer langfristigen Beziehung zwischen Managern/-innen und ihren Mitarbeitenden heranwachsen. Dies erfordert das gegenseitige Öffnen der eigenen Person, das Teilen von Werten und Zielen und den Austausch individueller Bedürfnisse und reziproker Erwartungen. Es ist ein langwieriger Prozess und erfordert einen hohen persönlichen Aufwand und viel Engagement. Aus diesem Grund kann wahres Vertrauen nur mit einer begrenzten Anzahl von Personen aufgebaut werden, und dieser Kreis sollte vor allem das Kernteam einer Führungsperson umfassen. Das Schaffen einer Unternehmenskultur, die auf Vertrauen basiert, erfordert das Herunterbrechen dieses Ansatzes von der Spitze des Unternehmens bis hin zur operativen Ebene. Häufige Führungswechsel und Umstrukturierungen hindern diesen Prozess erheblich.

Gute Manager/-innen wählen ihre Teams sorgfältig aus und vertrauen ihren Mitarbeitenden und schätzen sie. Sie schaffen ein kreatives und inspirierendes Arbeitsumfeld und eröffnen allen die Chance, Außergewöhnliches zu leisten. Sorgfältig ausgesprochen, ist Vertrauen eine ergiebige Quelle für Motivation und ermutigt Mitarbeitende, ihr Bestes zu geben. Gelegentliche Fehler sind unvermeidbar. Sie sollten als natürlicher Bestandteil eines jeden Prozesses akzeptiert werden und dürfen Vertrauen nicht zerstören. In einer auf Vertrauen aufgebauten Unternehmenskultur ist die persönliche Enttäuschung über einen gemachten Fehler ein viel stärkerer Motivator, es beim nächsten Mal besser zu machen, als die Angst vor Konsequenzen.

Demut hat generell einen negativen Beigeschmack und wird oft mit armen und unterprivilegierten Menschen in Zusammenhang gebracht. Manche Menschen sind demütig, um von ihren Vorgesetzten besser behandelt zu werden. Dies ist nicht die Art Demut, die ich meine. Großartige Menschen zeigen Demut selbst in den Momenten ihres größten Erfolgs. Sie sind fähig, den Beitrag ihrer Mitarbeitenden anzuerkennen und zu schätzen. Selbst auf dem beruflichen Gipfel angekommen, feiern sie sich nicht selbst, sondern rücken die Leistung ihres gesamten Teams in den Vordergrund und nutzen ihre Position, um ihre Mitarbeitenden zu fördern. Demut lässt Manager/-innen auch öfter auf den Rat ihrer Mitarbeitenden zurückzugreifen, wenn kritische Entscheidungen anstehen. Sie hilft ihnen auch im Umgang mit eigenen Fehlern und macht es leichter zu akzeptieren, gelegentlich falsch zu liegen, und sich gegebenenfalls auch mal zu entschuldigen.

Die Karrieren der meisten großen Führungspersönlichkeiten sind zweifellos das Ergebnis von Talent und harter Arbeit. Andererseits führen Talent und harte Arbeit nicht zwangsläufig zu einer großen Karriere. Vorteilhafte Umstände, zum richtigen Zeitpunkt am richtigen Ort zu sein, ein guter Mentor und einfach Glück spielen eine große Rolle in den meisten erfolgreichen Managerkarrieren. Eine weitere Facette von Demut ist, zu akzeptieren, gelegentlich auch mal einfach nur Glück gehabt zu haben.

Vertrauen und Demut machen Manager/-innen menschlich und authentisch und ermöglichen es ihnen, sich völlig in den Dienst ihres Unternehmens stellen zu können. Dies sind die Führungspersönlichkeiten, denen gute Mitarbeiter/-innen folgen möchten.

Der Chemische Faktor

Kapitelübersicht

Das erste Kapitel, **Der Chemische Faktor**, beschreibt den hohen Wert von Vertrauen für die Unternehmen. Während meiner gesamten beruflichen Laufbahn habe ich das Vertrauen meiner Vorgesetzten als den höchsten Motivationsfaktor empfunden. In den frühen Jahren als Serviceingenieur half mir deren Vertrauen in mein fachliches Können, selbst die schwierigsten technischen Probleme erfolgreich zu lösen. Später ermöglichte mir das Vertrauen meiner Vorgesetzten in meine Fähigkeiten, ein Geschäft zu leiten, ein hohes Maß an unternehmerischer Freiheit und das Erfüllen meiner beruflichen Ziele. Weil arbeiten in einem vertrauensvollen Umfeld für mich so wichtig war, habe ich eine Menge Energie drauf verwendet, das Vertrauen meiner Vorgesetzten zu gewinnen – etwas, das ich besonderes allen empfehle, die sich am Beginn ihrer Karriere befinden: Habt keine Angst, den ersten Schritt zu machen!

Die gute Chemie zwischen Mitarbeitern/-innen und ihren Vorgesetzten ist für den Erfolg eines Unternehmens von allerhöchster Bedeutung. Aus diesem Grund habe ich mein Buch mit diesem Kapitel begonnen.
Gegenseitiges Vertrauen kommt nicht von ungefähr. Es muss sowohl von den Mitarbeitenden und auch von ihren Vorgesetzten verdient werden. Weil Vertrauensaufbau sehr viel Mühe erfordert, scheuen viele es, dieses Investment zu tätigen. Dieses ist eine Beobachtung, die viele Menschen aus unterschiedlichen Unternehmen bestätigt haben, und deshalb glaube ich, dass die enorme Relevanz von Vertrauen zwischen den Mitarbeitenden und den Führungskräften eines Unternehmens nicht oft genug unterstrichen werden kann. Dieses Kapitel zeigt einige Wege

auf, wie Vertrauen aufgebaut werden kann, und adressiert einige schlechte Praktiken, die Vertrauen zerstören.

Die nächsten drei Kapitel, *Das Planungs-Drama*, *Die Rennboot-Analogie* und *Die Todes-Spirale* befassen sich mit einigen kritischen Geschäftsaspekten, die – wenn nicht rechtzeitig auf Managementebene erkannt und adressiert – ein Unternehmen in größte Schwierigkeiten bringen können. Viele der in diesen drei Kapiteln aufgeführten Themen gründen auf meinen Beobachtungen und Erfahrungen, die ich bei der Unterstützung eines Freundes bei der Sanierung eines Installationsunternehmens in der Automobilindustrie sammeln konnte. Die Tatsache, dass ich zu diesem Zeitpunkt nicht mehr beruflich aktiv war, erlaubte mir einen von eigenen Emotionen weniger verklärten und dadurch objektiveren Blick auf das Geschehen.

Das Planungs-Drama fokussiert auf den Planungsprozess der Unternehmen. Dieser ist von höchster Wichtigkeit, denn da werden die Weichen für die zukünftige Entwicklung des Geschäfts gestellt. Folglich kann erwartet werden, dass alle Beteiligten diesem Prozess mit Begeisterung und voller positiver Erwartungen entgegensehen. Nur wenige jedoch teilen dieses Gefühl. Im Gegenteil, die meisten Leute hassen diese Periode im Geschäftszyklus der Unternehmen. Die Geschäftsplanung könnte ein wertvolles Instrument sein, um alle Mitwirkenden auf ein gemeinsames Ziel einzuschwören und die Gemeinschaft zu stärken. In manchen Unternehmen verfehlt sie jedoch diese Ziele und sollte deshalb revidiert werden.
Dieses Kapitel zeigt einige allgemeine Schwächen des Planungsprozesses auf und beschreibt darüber hinaus die verheerenden Auswirkungen schlechter Planung auf den Unternehmenserfolg.

Der Chemische Faktor

Die Rennboot-Analogie adressiert das häufige Problem überbordender Verwaltungsstrukturen in Unternehmen. Trotzdem
sie maßgeblich unter den negativen Auswirkungen eines ungesunden Verhältnisses zwischen produktiven und unproduktiven
Köpfen leiden müssen, sprechen operative Leute diese Probleme
selten offen an. Manchmal, weil sie mit den operativen Herausforderungen zu sehr beschäftigt sind. Manchmal aber auch, weil
der Verwaltungsapparat die stärkere Lobby im Unternehmen
hat, also genau das Gegenteil dessen, wie es sein sollte. Dieses
Kapitel zeigt auf, warum die ständige und sorgfältige Analyse
des tatsächlichen unternehmerischen Mehrwerts von Verwaltungsstrukturen eine wichtige Managementaufgabe und ein
unerlässliches Instrument der Unternehmenshygiene darstellt
und warum sie für den Erhalt der Wettbewerbsfähigkeit der
Unternehmen von höchster Bedeutung ist.
Eine unrealistische Geschäftsplanung und das unkontrollierte
Anwachsen von Verwaltungsstrukturen waren die Hauptgründe
dafür, dass das von mir erwähnte Unternehmen zum Sanie-
rungsfall wurde.

Die Todes-Spirale führt einige der Gründe auf, warum Unternehmen manchmal in einen Abwärtssog geraten, der möglicherweise in einem Totalabsturz endet. Dieses Kapitel analysiert
die Dynamik eines solchen Absturzes und benennt einige der
möglichen Grundursachen. Weil Todesspiralen, wenn sie denn
passieren, üblicherweise in einem Desaster für alle Stakeholder
und insbesondere für die Eigentümer und die Belegschaft enden,
habe ich dieses Kapitel geschrieben, um Manager/-innen zu
sensibilisieren, stets aufmerksam auf frühe Anzeichen einer
möglichen Fehlentwicklung zu achten und rechtzeitig korrektive
Maßnahmen zu ergreifen. Am Ende des Kapitels schlage ich eine
einfache praxistaugliche Methode vor, wie Manager/-innen den

Der Chemische Faktor

Gesundheitszustand ihres Unternehmens bewerten und im Auge behalten können.

Die Ego-Falle entlarvt Führungskräfte, die sich über alles stellen, auch über ihr Geschäft. Im Gegensatz zu solchen Ego-Managern/-innen stellen wahre Führungspersönlichkeiten ihr Wirken ganz in den Dienst ihres Unternehmens und in das Fördern ihrer Mitarbeitenden. Dieses Kapitel setzt sich zum Ziel, die räuberische Auswirkung aufzudecken, die Ego-Manager/-innen auf ihre Unternehmen haben, und Organisationen zu ermutigen, solche Personen in Führungspositionen nicht zu akzeptieren.

Die Werte-Hymera ist eine kritische Debatte über die Werte-kampagnen heutiger Unternehmen. Indem sich diese Kampagnen meistens nur ganz allgemein auf die Verantwortung des Unternehmens gegenüber allen und allem konzentrieren, vernachlässigen sie es, echte Grundwerte in den Vordergrund zu stellen, die den Mitarbeitenden als Orientierung für ihr individuelles Handeln dienen können.

Die Motivations-Matrix ist eine Reflexion darüber, was Menschen im Berufsleben motiviert. Allgemein sind Vorgesetzte nur daran interessiert, ob ihre Mitarbeitenden motiviert sind oder nicht. Die wenigsten kümmern sich darum, woher diese Motivation kommt. Nicht alle Arten von Motivation sind gleich wertvoll, und manchmal kann Motivation leicht ins Gegenteil umschlagen.
Anstatt nur die Leistung von Mitarbeitenden zu betrachten, sollte diese stets im Kontext ihrer individuellen Beweggründe bewertet werden. Hierzu werden die häufigsten Arten beruflicher Motivation näher beleuchtet. Im Folgenden zeigt dieses Kapitel eine neuartige Methode zur Erstellung einer aussagekräftigen Leistungs-Motivations-Matrix auf, welche für

die Definition effektiver Personalstrategien von großem Nutzen sein kann.

Das Pentagon-Profil ist eine Analyse unterschiedlicher Managertypen auf Basis der Bewertung ihrer Einstellung zu einem breiteren Spektrum geschäftsrelevanter Aspekte. Die in diesem Kapitel beschriebene Methode ermöglicht es, aussagekräftige Managerprofile zu erstellen, die bei der Selektion von Kandidaten/-innen für Führungspositionen herangezogen werden können. Ebenso ist es meine Absicht, Managern/-innen einen Leitfaden zur Verfügung zu stellen, wie sie an ihrem eigenen Führungsprofil arbeiten können, und Mitarbeitenden eine Orientierung an die Hand zu geben, die Führungsqualitäten ihrer Vorgesetzten besser zu bewerten.

Das CXO-Dilemma beleuchtet die spannende berufliche Beziehung und die Zusammenarbeit zwischen CEOs und CFOs. In meiner Erfahrung ist eine solche Beziehung nie einfach und erfordert eine hohe Anstrengung seitens beider Beteiligten, um erfolgreich zu sein. Viele berufliche CEO-CFO Partnerschaften funktionieren nicht richtig gut und belasten die Unternehmen. Dieses Kapitel adressiert einige Aspekte, die beide Protagonisten/-innen beherzigen sollten, wenn sie als Team erfolgreich sein möchten.

Das Familien-Unternehmen beschreibt, wie Unternehmenslenker erreichen können, dass die Mitarbeiter/-innen das Unternehmen als ihre berufliche Heimat wahrnehmen und somit motiviert sind, mit ihrer bestmöglichen Leistung zu dessen Erfolg beizutragen. Das Konzept eines Familienunternehmens reflektiert meine persönliche Präferenz bezüglich der Führung und der Unternehmenskultur einer Firma. Auf gegenseitigem Vertrauen und Respekt aufgebaut, erfordert dieses Konzept ein hohes Investment von Herz und Seele seitens der Manager/-innen. Für mich persönlich hat das Bild von Unternehmenslenkern, die ihr Geschäft wie ein ‚Familienoberhaupt' führen, sodass alle Mitarbeitenden sich als Teil einer großen Familie fühlen und das Unternehmen als ihr berufliches Zuhause betrachten, die höchste Anziehungskraft. Dies ist meine abschließende Botschaft an agierende und werdende Führungspersonen:

„Betrachtet eure Organisation als eure berufliche Familie und handelt entsprechend."

Der Chemische Faktor

Die meisten aktuellen Managementsysteme in Unternehmen vertrauen auf Strukturen, Hierarchien, Prozesse und Regelwerke, mit dem Ziel sicherzustellen, dass alle Beteiligten in ihren jeweiligen Rollen verlässlich funktionieren, wie gut geschmierte Zahnräder in einem komplexen mechanischen Gewerk. Sie beruhen alle auf der Annahme, dass, wenn jede(r) Einzelne ihren/seinen Job gut macht, auch ein gutes Gesamtergebnis erwartet werden kann. Diese Annahme ist jedoch falsch. In vielen Organisationen konzentrieren sich die Beteiligten vornehmlich darauf, ihre Einzelaufgaben regelkonform abzuarbeiten, und kümmern sich eher wenig um das Gesamtergebnis. Wenn sie sich hinter einem „Das war nicht ich" verstecken können, ist ein Problem für sie nicht weiter relevant, und sie erwarten, dass andere es lösen.

Was fehlt also hier?

Jedes Managementsystem basiert primär auf dem Zusammenspiel zwischen den Vorgesetzten und ihren Mitarbeitenden. Je komplexer ein Geschäft ist und je wichtiger individuelles Handeln wird, umso mehr ist die Empathie zwischen den beiden entscheidend für den Erfolg des Unternehmens.

„Wir haben gerade ein außerordentlich erfolgreiches Geschäftsjahr abgeschlossen, und ich möchte allen für ihren wertvollen Beitrag danken. Aber, da ist keine Zeit zu entspannen! Das

Der Chemische Faktor

nächste Jahr wird uns wieder alles abverlangen. Ich zähle auf Sie!"

Haben Sie so was schon gehört? Ich bin sicher, JA. Es ist die übliche leere Wortfolge, die Manager/-innen ihren Mitarbeitenden zu Jahresende entgegenwerfen. Motivierend? Nicht wirklich. Als ob nicht jedes Geschäftsjahr seine Herausforderungen hätte und dies in Zukunft ebenfalls tun würde. Lob und Anerkennung an eine zukünftige Verpflichtung oder Erwartung zu koppeln, ist ein häufiger Fehler, den Vorgesetzte machen. Nur Lob auszusprechen, verunsichert die meisten, möglicherweise weil sie befürchten, ihre Mitarbeitenden würden sich entspannen und ihren Elan verlieren. Ein anderer Grund könnte auch sein, dass – indem sie Anerkennung mit einem Schleier zukünftiger Erwartungen umhüllen – sie das gute Gefühl bekommen, ihren Mitarbeitenden nichts zu schulden. Für Letztere fühlt es sich an, als würde sie jemand ein paar Meter hochheben, nur um sie anschließend wieder herunterkrachen zu lassen.

Also, versuchen wir es noch mal.

„Wir haben gerade ein außerordentlich erfolgreiches Geschäftsjahr abgeschlossen, und ich möchte allen für ihren wertvollen Beitrag danken. Lasst uns stolz sein und diesen speziellen Augenblick gemeinsam feiern. Unser Erfolg mache uns zuversichtlich und gebe uns Mut. Wir sind ein Team von Champions, und nichts kann uns aufhalten."

Wie klingt das? Sicher deutlich besser. Jeder würde das neue Geschäftsjahr mit Stolz und frischem Elan angehen. Alle wären erneut bereit, ihr Bestes zu geben. Sollten spezielle Herausforderungen anstehen, könnten diese gegebenenfalls sicher auch zu einem späteren Zeitpunkt adressiert werden.

Der Chemische Faktor

Obiges Beispiel ist nur eines von vielen, warum Manager/-innen es nicht schaffen, die richtige Chemie mit ihren Mitarbeitenden herzustellen. Viele realisieren gar nicht, wie wichtig dieser Chemische Faktor für ihren eigenen Erfolg und den ihres Unternehmens ist. Was bedeutet Chemischer Faktor in diesem Zusammenhang? Im Geschäft, jedoch auch in vielen anderen gesellschaftlichen Bereichen, ist es die Bindung untereinander, die Menschen im Streben vereint, ein gemeinsames Ziel zu verfolgen und zu erreichen. Die tragenden Elemente des Chemischen Faktors sind gegenseitiges Vertrauen und gegenseitiger Respekt. Wenn überhaupt präsent, kann dieses Gefühl des Zusammenhalts eher zwischen Managern/-innen untereinander als zwischen Vorgesetzten und ihren Mitarbeitenden beobachtet werden.

Gegenseitiges Vertrauen zwischen Führungskräften und ihren Mitarbeitenden ist jedoch für den geschäftlichen Erfolg von allerhöchster Bedeutung. Leider teilen Vorgesetzte und Untergeordnete gegenseitiges Vertrauen eher selten. Im Gegenteil, tiefes Misstrauen kennzeichnet viele dieser Beziehungen.

In der Planungsperiode, wenn die Geschäftsziele von Unternehmen definiert werden, wird dieses Misstrauen besonderes deutlich. Viele Manager/-innen sind davon überzeugt, dass sich ihre Mitarbeitenden das Leben leicht machen wollten, während Letztere denken, ihre Vorgesetzten hätten unrealistische Erwartungen und setzten zu ambitionierte Ziele. Das Problem beginnt oft damit, dass Manager/-innen selbst viel zu ambitionierte Ziele auferlegt bekommen, die folglich von ihren Mitarbeitenden als unfair und unerreichbar erachtet werden. Wie in einer Jagdszene sind die Jäger (die Vorgesetzten) entschlossen, den Hasen (den Mitarbeitenden) das Fell über die Ohren zu ziehen, während Letztere versuchen, dieses möglichst teuer zu verkaufen. Planungsrunden erinnern oft an das Feilschen auf einem orientalischen Teppichmarkt, so als ob die einen nicht gewinnen könnten, ohne dass die anderen verlieren. Weder sind die dann gesetzten Ziele einvernehmlich akzeptiert, noch fühlen sich die Mitarbeiter/-innen wirklich motiviert, diese zu erreichen. Für viele Leute ist dies die unangenehmste Zeit im jährlichen Geschäftszyklus und wird bereits Wochen zuvor von Unbehagen eingeleitet. Abgesehen von der Frustration über eventuell verfehlte Ziele und entgangene Belohnung ist das Gefühl der Mitarbeitenden, von ihren Vorgesetzten missbraucht zu werden, der schädlichste Faktor, der einer guten Manager-Mitarbeiter Beziehung entgegenwirkt. Was für eine Verschwendung!

Warum also akzeptieren intelligente Menschen, in eine solche Situation versetzt zu werden? Warum manövrieren sie sich manchmal selbst in eine solche? Von allen möglichen Gründen sind manche individueller Natur, zum Beispiel überzogener Stolz, Übermut, Arroganz oder Inkompetenz. Andere, wie Autorität und Gehorsam, leiten sich aus unserer heutigen Geschäftskultur ab. Der wichtigste Grund jedoch ist das Nicht-vorhandensein individueller Haftung und persönlichen Risikos auf Seiten der Manager/-innen. Stellten diese sich die Frage: „Was würde mir passieren, wenn es ganz schlimm käme?", müssten die meisten antworten: „Ich könnte meinen Bonus verlieren." Große Sache! Das ist kein großes Risiko. Manche würden vielleicht um ihren Job fürchten. Das sieht auf den ersten Blick etwas dramatischer aus, aber näher betrachtet ist das auch nicht so verheerend. In den USA ist es nicht außerge-wöhnlich und Teil der normalen Geschäftskultur, dass Leute ihren Job häufig wechseln. Versagen an einer Stelle verringert die Chancen nicht, woanders wieder anzufangen, möglicher-weise sogar mit einer besseren Entlohnung. In vielen westeu-ropäischen Ländern sind die Arbeitsgesetze eher restriktiv und machen es Unternehmen schwer, sich von Managern/-innen zu trennen, auch nicht aufgrund unzureichender Leistung. Vielerorts ist es quasi unmöglich, jemanden mit zwanzig und mehr Jahren Firmenzugehörigkeit zu entlassen; selbst dann nicht, wenn die Ergebnisse wiederholt nicht stimmen. Deshalb werden solche Personen üblicherweise in andere Bereiche versetzt (bei gleichem Gehalt) oder erhalten großzügige Abfindungen, die dann für die nächsten Jahre gut ausreichen. Kein Zweifel, Jobsicherheit hat auch viele positive Aspekte. Das Gefühl der Sicherheit fördert die Loyalität zum Unternehmen, um nur einen zu nennen. Der springende Punkt ist, dass Manager/-innen signifikante persönliche Konsequenzen ihres (gegebenenfalls falschen) beruflichen Handelns nicht fürchten müssen, ganz im Unterschied zu Eigenunternehmern/-innen, die ihr eigenes Geld in ihre Firma investiert haben.

So wie persönliche Konsequenzen sind auch Verantwortung und Haftung volatile Begriffe, wenn Manager/-innen Fehler machen. Viele rufen dann freimütig: „Ich übernehme die volle Verantwortung!", für egal was schiefläuft. Das mag manche Leute beeindrucken. Liegt es jedoch nicht von vorn hinein in der Verantwortung einer jeden Führungskraft, für all das gerade zu stehen, was in ihrem Bereich passiert? Verantwortung zu übernehmen, sollte für Manager/-innen selbstverständlich sein und sich über Worte hinaus materialisieren.

Warum sollte sich jemand mit Blick auf einen schnellen beruflichen Aufstieg zurückhalten, hohe Versprechungen zu machen? In Abwesenheit persönlichen Risikos und persönlicher Verantwortung gibt es dafür keinen Grund. „Warum soll ich mir heute schon ein Problem einhandeln (indem ich mich unrealistischen Erwartungen entgegenstemme), wenn ich dieses Problem erst in einem Jahr haben könnte (wenn diese dann gegebenenfalls unerfüllt bleiben)?", fragen sich Manager/-innen manchmal.

Mit den Geschäftszielen einmal fixiert, wendet sich der Fokus auf den täglichen betrieblichen Ablauf. Hierzu ist ein Blick in den Kalender von Managern/-innen am besten geeignet. Eine unglaubliche Folge von Besprechungen von frühmorgens bis spätabends ist da üblicherweise vorzufinden. Es gibt keine Lücken zwischen den einzelnen Terminen, kaum Zeit für ein Mittagessen und absolut keine Minute für ungeplante Unterbrechungen. Mit so einem überhäuften Tagesablauf finden Manager/-innen kaum Zeit, kreativ über ihr Geschäft nachzudenken oder mit ihren Leuten zu verbringen. Die meisten Mitarbeitenden beklagen sich, ihre Vorgesetzten nicht erreichen zu können, wenn sie einen Rat oder Unterstützung benötigen. Sie alle haben das Gefühl, allein gelassen zu werden, Lösungen für ihre Probleme zu finden.

Managementbesprechungen sind oft wenig ergebnisorientiert. Regelmäßig geplant und mehrere Stunden bis zu einem halben Tag dauernd, sind diese Treffen in der Praxis oft nur ein unkoordiniertes Zusammensein der Manager/-innen mit ihren Mitarbeitenden. Die Anwesenden arbeiten die meiste Zeit an ihren Emails oder an Sachen mit anderem Bezug, bis sie an der Reihe sind, ihre Themen mit ihren Vorgesetzten zu besprechen. Weil solche Meetings üblicherweise eine Folge bilateraler Gespräche zwischen den Chefs/-innen und ihren einzelnen Abteilungsleitenden sind, ist die Interaktion zwischen Letzteren meistens eher gering und oft nur auf das gegenseitige Zuschieben des Schwarzen Peters beschränkt. Mangelnde Besprechungsdisziplin, ständiges Rein und Raus der Anwesenden sowie das übliche Überschreiten der zugewiesenen Zeitfenster machen

viele diese Besprechungen ineffizient und zu einer großen Zeit-
verschwendung.

Ein anderer negativer Aspekt von groß angelegten Besprechungen ist, dass sie oft zur Sozialisierung von Verantwortung
missbraucht werden. Wann immer jemand darum herum kommen will, ein Problem selbst zu lösen oder Verantwortung selbst
zu tragen, wird eine Besprechung einberufen. Viele Mitarbeiter/-
innen glauben, dass – wenn ihre Vorgesetzten erst mal im Bilde
sind – ein Problem plötzlich seine Brisanz verlieren würde. „Wie
bereits in der Teambesprechung xyz angesprochen...", ist ein
Problem plötzlich das Problem aller, der Vorgesetzten mitein-
geschlossen. Viele Manager/-innen machen den Fehler, diese
Unart zu tolerieren. In der Folge werden weitere Besprechungen
anberaumt, wird zusätzliche Unterstützung organisiert und
werden weitere Zuständigkeiten definiert, sodass die ursprüngli-
che Verantwortung völlig verwässert wird. Am Ende solcher
Meetings teilen die meisten Beteiligten das Gefühl, ihre Zeit
verschwendet zu haben. Trotzdem lieben Führungskräfte ihre
Teambesprechungen und würden nichts daran ändern. Das
Vorhandensein all dieser Meetings gibt ihnen das gute Gefühl,
ihre Organisation unter Kontrolle zu behalten und der Notwendigkeit, mit ihren Leuten zu kommunizieren, genügend Aufmerksamkeit zukommen gelassen zu haben. Viele vermögen es
nicht zu verstehen, dass Besprechungen kein Ersatz für die
individuelle Interaktion mit ihren Mitarbeitenden sein können.

Generell hindert diese Besprechungshysterie die flüssige Kommunikation und persönliche Interaktion im Unternehmen. Ter-
mine für ein persönliches Gespräch mit den Vorgesetzten müssen lange im Voraus beantragt werden. So einen zu bekommen,
erfordert oft viel Hartnäckigkeit und Ausdauer. In dieser Flut von
Meetings gefangen, haben es Mitarbeitende schwer, ihre

Der Chemische Faktor

Aufgaben ihrem eigenen Arbeitsstil und ihren Präferenzen entsprechend zu managen. Zunehmend fremdgesteuert, fühlen sie
sich eher wie bloße Betriebsmittel als wie geschätzte Individuen.
Ihre Vorgesetzten sind für sie fern und unerreichbar.

Ein anderer demotivierender Effekt als Folge überladener Mana-
ger-Terminkalender ist, Mitarbeitende warten zu lassen oder
Besprechungen in der letzten Minute abzusagen. Umfangreiche
Vorbereitung und längere Reisen sind oft erforderlich, um in eine
Besprechung mit den Vorgesetzten gehen zu können. Folglich
ist es eine Frage des Respekts, dass Manager/-innen in einer
solchen Situation ihren Mitarbeitenden ihre volle Aufmerksamkeit widmen. Wie oft jedoch ist dies nicht der Fall? Wie oft
haben Letztere den Eindruck, mit den Wänden zu sprechen,
während die Gedanken ihrer Chefs/-innen anderswo kreisen?

Um effizient zu sein, sollten Besprechungen hinsichtlich The-
menauswahl und Zusammensetzung so gestaltet werden, dass
eine aktive Beteiligung aller Anwesenden erforderlich und
sichergestellt ist. Bilaterale Angelegenheiten sollten nicht im
Plenum, sondern separat besprochen werden. Besprechungen
sind nicht allein dazu da, um Sachverhalte zu erörtern. Mana-
ger/-innen sollten sie darüber hinaus zur Stärkung der
Gemeinschaft und deren Ausrichtung auf ein gemeinsames Ziel
nutzen. Besprechungen erfordern gute Vorbereitung, intensive
Partizipation und viel Nacharbeit, um zu gelingen. Aus diesem
Grund sollte ihre Anzahl begrenzt sein.

Führungskräfte sollten sich die Frage stellen: „Muss ich tatsächlich all diese Besprechungen anberaumen, die mir meine
ganze Zeit rauben? Was würde passieren, wenn ich die eine oder
andere absagte? Die meisten sind eh nicht sehr produktiv.“ Im
Ergebnis würden die Mitarbeitenden beginnen, selbstständiger

zu handeln, mehr Verantwortung zu übernehmen und besser vorbereitet zum Meeting zu erscheinen.

Führungskräfte sollten einige Zeit investieren, um die Kommunikationskultur in ihrem Bereich zu analysieren. Werden die Einzelnen nur mit den Informationen versorgt, die sie benötigen, um ihre Arbeit zu erledigen, oder werden alle über alles informiert? Stecken die Mitarbeitenden ihre Köpfe zusammen, um ein Problem zu lösen, oder warten sie darauf, dass ihre Chefs/-innen ein Meeting einberufen?

Ein Managerkollege und Freund fragte mich mal bei Gelegenheit, was ich ihm zur Verbesserung der Zusammenarbeit mit seinen Mitarbeitenden raten könnte. „Entrümple deinen Kalender und verbringe mehr Zeit mit deinen Leuten. Es geht um die Verbesserung der Chemie zwischen dir und deinen Mitarbeitenden", war meine Antwort. Manager/-innen sollten ihr Zeitbudget zwischen notwendigen Besprechungen, der Verfügbarkeit für ihre Mitarbeitenden und gelegentlichen Freiräumen, über ihr Geschäft nachzudenken, smart aufteilen. Die Freiheit, hin und wieder die Bürotüre mal zu schließen und die Gedanken rund ums Geschäft ein paar Minuten kreisen zu lassen, ist oft ein guter Nährboden für beste Geschäftsideen. Leute gelegentlich zu einem lockeren Gespräch außerhalb des regulären Besprechungszyklus einzuladen, zu fragen, was sie über das Geschäft denken, und mal auch über Privates zu reden hebt jede Manager-Mitarbeiter Beziehung auf eine höhere Ebene.

Was könnte also unter dem Strich der gemeinsame Nenner sein, der Menschen zu beruflichen Spitzenleistungen motiviert. Was wird sie ermuntern, ihr Bestes zu geben? Wir haben gesehen, es ist nicht das persönliche berufliche Risiko, ebenso wenig wie das Ablegen von Rechenschaft für ihr Handeln. Geld? Vielleicht,

Der Chemische Faktor

jedoch ist dessen Wirkung nicht von Dauer. Jede Gehaltserhöhung wird bald zur Selbstverständlichkeit und verliert ihren
motivierenden Effekt. Eine Beförderung? Möglicherweise, aber
es können nicht alle befördert werden. Was passiert mit den
anderen?

Nach meiner Überzeugung ist dieser gemeinsame Nenner das
Empfinden der Mitarbeitenden, im Unternehmen ihre berufliche
Heimat gefunden zu haben. Anstatt es bloß als ein Mittel zur
Verwirklichung ihrer Karrierepläne zu betrachten, sollten
Manager/-innen die Eigentümerschaft über ihr Unternehmen
übernehmen. Nicht im rechtlichen, denn es gehört nicht ihnen,
sondern im moralischen Sinne. Sie sollten sich ihrer Firma gegenüber moralisch verpflichtet fühlen, den unternehmerischen
Nutzen stets im Fokus ihres Wirkens zu behalten. Weil diese Art
von Eigentümerschaft im Herzen und in der Seele getragen wird,
werden nicht alle in der Lage sein, ein solches Gefühl für ihr
Unternehmen zu entwickeln. Deshalb kann auch nicht jeder oder
jede eine ausgezeichnete Führungskraft werden. Unternehmen
müssen danach streben, das berufliche Zuhause ihrer Mitarbeitenden zu werden, und es ist die Aufgabe der Vorgesetzten, dies
zu bewerkstelligen. Zu führen heißt, einen Weg in die Herzen
der Menschen zu finden, sie dazu zu bringen, sich dem Unternehmen gegenüber moralisch verpflichtet zu fühlen und danach
zu streben, ihren bestmöglichen Beitrag für dieses zu leisten.
Das ist es, worum es beim Managen wirklich geht.

In den sechziger und siebziger Jahren gab es mehr Unternehmen als heute, denen es gelang, eine solche Geschäftskultur
aufzubauen. Heute, unter anderem als Tribut eines neuen Füh-
rungsstils, ist dieser Ansatz aus der Mode gekommen. Anstelle
von Vertrauen und persönlicher Motivation treten Misstrauen,
Angst und Gehorsam zunehmend in den Vordergrund. Und aus

diesem Grund können viele Unternehmen ihr wahres Potenzial nicht ausschöpfen.

Eine positive, auf Vertrauen und Zusammenarbeit begründete Unternehmenskultur ist das höchste Gut einer Firma. Sie aufzubauen, erfordert das Bekenntnis der obersten Unternehmensebene, Durchhaltevermögen und Zeit. Führungspersonen dürfen nicht davor zurückschrecken, ihren bestmöglichen Beitrag zur Erfüllung dieses Ziels zu leisten.

Der Chemische Faktor

Das Planungs-Drama

Der Planungsprozess definiert die Strategien, setzt die Geschäftsziele und bestimmt die Ressourcen für die Weiterentwicklung eines Unternehmens. Folglich ist Planung ein wesentliches Managementinstrument. Ein gesunder und realistischer Geschäftsplan ist ein wichtiger Erfolgsfaktor, weil er alle Ressourcen und Anstrengungen im Unternehmen auf ein Ziel ausrichtet. Inkonsistente und unrealistische Geschäftspläne vergeuden hingegen nicht nur die Ressourcen des Unternehmens, sie können dieses sogar gänzlich in Gefahr bringen.

<<<<< >>>>>

Es ist erstaunlich, wie wenig Achtsamkeit der Schlüssigkeit des Planungsprozesses oft zuteilwird und wie unprofessionell Geschäftspläne manchmal gemacht werden.

Im Folgenden werden zwei systematische Ursachen mangelhafter Geschäftsplanung näher erläutert.

Geschäftsstrategien und Ziele werden oft durch das Top-Management vorgegeben und im Unternehmen heruntergebrochen, ohne dass eine entsprechende Rückkopplung von unten nach oben stattfindet.

Anstatt in einen Dialog mit ihren unterschiedlichen Geschäftseinheiten einzutreten, um gemeinsam die Ausrichtung des Geschäfts zu bestimmen, setzen Manager/-innen manchmal

Der Chemische Faktor

Ziele, die nicht erreicht werden können oder das Unternehmen in die falsche Richtung lenken. „Wir diskutieren nicht über Ziele, wir können gegebenenfalls über Wege sprechen, wie diese erreicht werden können", ist ein verbreitetes Statement, das Vorgesetzte im Bestreben machen, Autorität zu demonstrieren. Über vage Ideen ohne viel praktische Relevanz hinaus haben sie meistens selbst keinen konkreten Plan, wie die von ihnen gesetzten Ziele erreicht werden könnten. „Ich habe euch einen Kompass gegeben, nun erwartet nicht von mir, dass ich euch auch aus dem Wald herausführe", ist eine weitere Killerphrase, welche in diesem Kontext manchmal fällt. Zweifel am Erreichen der gesetzten Ziele werden allgemein nicht akzeptiert und als Schwäche ausgelegt. Aus Angst vor dem Unmut ihrer Vorgesetzten wählen folglich viele den Weg des geringsten Widerstands und akzeptieren Vorgaben, die sie ihrer eigenen Überzeugung nach nicht erfüllen können. Manchmal versuchen schlaue Leute eine Hintertüre für sich offen zu halten, indem sie die Zielerreichung an Randbedingungen außerhalb ihres Einflussbereiches knüpfen. Wenn dann schließlich die Vorgaben gegebenenfalls nicht erreicht werden, verwenden sie all ihre Anstrengungen darauf, Ausreden zu finden und den schlechten Ausgang auf nachteilige Umstände außerhalb ihrer Kontrolle zu schieben. Zweifellos tötet dieses schlechte System jeglichen unternehmerischen Geist, da die Beteiligten sich mehr auf den Umgang mit dem Versagen konzentrieren als auf das Geschäft selbst. Aus Furcht vor ihren Vorgesetzten brechen viele Manager/-innen überzogene Geschäftserwartungen ohne weitere Reflexion auf ihre Abteilungen herunter. Planungsgespräche enden oft in Form eines seltsamen Kampfes zwischen den Führungskräften und ihren Teams. Selbst wenn Erstere ihrerseits von der Erreichbarkeit der vorgegebenen Geschäftsziele nicht überzeugt sind, werden sie trotzdem versuchen, diese bei ihren Mitarbeitenden durchzusetzen.

Der Chemische Faktor

Unter der Annahme, dass zum Beispiel das Ziel einer Führungskraft 100 wäre, wird diese üblicherweise versuchen, Ziele von insgesamt über 100 bei ihren Teams durchzudrücken, ungeachtet derer tatsächlichen Erreichbarkeit. Dies würde ihr eine Sicherheitsmarge bezüglich des Erreichens ihrer eigenen Zielvorgaben geben. Stereotype Phrasen, wie zum Beispiel „Wir hätten Ihnen höhere Ambitionen zugetraut" oder „Sie sollten ein sportlicheres Engagement zeigen", werden allzu oft Mitarbeitenden an den Kopf geworfen. Solche Statements implizieren, dass Leute keine Triebkraft und keinen Ehrgeiz hätten. Sie sind beleidigend und demotivierend. Ein solcher Führungsansatz mündet oft in unrealistischen Geschäftserwartungen, sodass kaum jemand weder an die Erreichbarkeit gesetzter Zielvorgaben noch an die Fähigkeit der Vorgesetzten, das Geschäft zu führen, glaubt.

Da jede Führungskraft jeweils ihre eigene Führungskraft hat, wiederholt sich dieser schräge Planungsprozess und generiert manchmal eine Pyramide falscher Erwartungen und Versprechungen, die dann zu Ende eines Geschäftsjahres gegebenenfalls kollabiert, wenn die Ergebnisse von den Vorgaben abweichen.

Selten haben Manager/-innen den Mut, mit ihren Vorgesetzten über Ziele zu streiten. Geschäftsbesprechungen mit ihren Abteilungen, an denen auch ihre eigenen Chefs/-innen anwesend sind, verlaufen manchmal recht bizarr. Der richtige Ansatz für die Planung eines solchen Meetings wäre, dass die Manager/-innen Strategie und Inhalte im Vorfeld mit den eigenen Leuten festlegen, um diese dann gemeinsam vor ihren Vorgesetzten zu vertreten. Dies würde ihnen eine gute Gelegenheit bieten, ihre Verbindlichkeit gegenüber ihren Mitarbeitenden unter Beweis zu stellen. Allzu oft aber enden solche Gespräche in einem wüsten

Der Chemische Faktor

Einprügeln auf das Kollektiv, wobei sich Führungskräfte manchmal sogar gegen die eigenen Leute wenden, anstatt ihrer Pflicht nachzukommen, diese zu beschützen.

Wie kann so ein Debakel vermieden werden? Ein guter Anfang wäre, wenn Manager/-innen sich mit ihren engsten Mitarbeitenden zusammensetzten und erörterten, was realistisch erreichbar ist, was als Komfortzone zu betrachten wäre, was ein herausforderndes Ziel sein könnte und wo man beginnen würde, unkalkulierbare Risiken einzugehen. Vergangene Performance könnte als Referenz dienen, jedoch sollte die gute Leistung im abgelaufenen Jahr nicht automatisch zu einer Bürde für das nächste werden. Die Mitarbeitenden würden dies als Bestrafung für ihre gute Arbeit empfinden.

Um zum vorherigen Beispiel zurückzukehren: Angenommen, Manager/-in und Mitarbeitende einigten sich nach einer gemeinsamen Analyse, dass 80 relativ leicht zu erzielen wären und weitere 10 eine ambitionierte und durch valide Argumente beider Seiten untermauerte Herausforderung darstellten; wie sollte in einem solchen Fall mit den fehlenden 10 umgegangen werden? Vorausgesetzt sie glaubten an die Fähigkeiten ihres Teams und an die Erreichbarkeit von 100, würden smarte Vorgesetzte in so einer Situation ihren eigenen Hals riskieren und die verbleibende Lücke von 10 als ihre persönliche Herausforderung in die Planung einstellen. Ohne selbst an die Erreichbarkeit des gesetzten Ziels zu glauben, wäre es professionell unethisch, dieses zu akzeptieren. Die meisten Mitarbeitenden würden sich solidarisch mit ihren Managern/-innen fühlen und sich freiwillig ins Zeug legen, um die fehlenden 10 zu realisieren.

Der Chemische Faktor

Manager/-innen starten oft in einer neuen Position, ohne über die erforderlichen spezifischen Kenntnisse für den neuen Job zu verfügen. Dies könnte zum Beispiel der Fall sein, wenn Führungskräfte von außerhalb des Unternehmens rekrutiert werden oder wenn sie in großen Unternehmen aus einem Bereich in einen andern wechseln.

Technische Bereiche sind oft sehr unterschiedlich. Produktgeschäft unterscheidet sich signifikant vom Anlagengeschäft. Geschäfte mit Hochtechnologie beziehungsweise mit einfacher Technik tun dies ebenfalls. Jede Geschäftsart hat ihre eigenen Regeln, Herausforderungen und Erfolgsfaktoren.

In manchen Bereichen sind Standardisierung und Prozesskonformität entscheidende Erfolgsfaktoren. Ein gutes Ergebnis, zum Beispiel das Herstellen hochqualitativer Produkte, erfordert das strenge Befolgen von Regeln und Vorgaben. In anderen Bereichen, wie zum Beispiel dem Projektgeschäft, kann nicht alles standardisiert werden, und individuelle Kreativität ist unabdingbar. Anstelle einfach nur zu erwarten, dass jeder oder jede wie eine Maschinenkomponente verlässlich funktioniere und Anweisungen peinlichst befolge, muss in so einem Geschäft den Mitarbeitenden die Möglichkeit gegeben werden, eigene Entscheidungen zu treffen. Mehr noch, sie müssen dazu ermutigt werden.

Somit erfordert jedes Geschäft seinen spezifischen Managementansatz. Die Annahme, dass gute Manager/-innen in einem Bereich automatisch ebenso gute Führungskräfte in einem anderen Bereich sein müssen, ist schlichtweg falsch. Möglicherweise könnten sie gute Manager/-innen werden, aber nicht gleich von Beginn an. Erfolgreiche Führungskräfte müssen erst genügend spezifisches Wissen aufbauen, um das Geschäft zu

Der Chemische Faktor

verstehen, um Risiken und Chancen zu erkennen und um gute Entscheidungen treffen zu können. Zusätzlich müssen sie ihre Mitarbeitenden gut kennen lernen. Erst dann hätten sie die Befähigung, ein Geschäft zu führen. Dieses Wissen sich zu erarbeiten, eine persönliche Beziehung und gegenseitiges Vertrauen zum engsten Führungsteam aufzubauen sowie die gesamte Organisation auf ein gemeinsames Ziel auszurichten, nehmen üblicherweise sechs bis zwölf Monate in Anspruch. Diese Zeit räumen Unternehmen ihren Führungskräften oft nicht ein.

Fehlendes Verständnis über das Geschäft kann leicht zu falschen Erwartungen und fehlerhaften Annahmen führen. Zum Beispiel können Manager/-innen, die früher in Hightech-Bereichen tätig waren, oft nicht verstehen, warum ein Standardgeschäft nicht die gleich hohe Gewinnmarge wie ihr altes erzielen kann. Ebenso wenig können Manager/-innen mit beruflichem Hintergrund in Geschäftsfeldern, wo die Reduzierung von Personal durch Automatisierung und Prozessverbesserung ein wichtiges Ziel darstellt, oft nicht nachvollziehen, dass im Service (eine per se personalintensive Tätigkeit) eine größere Anzahl gut ausgebildeter Mitarbeiter/-innen unabdingbar ist. Anstatt den hohen Wert solcher Personalressourcen zu erkennen, sehen sie darin eher ein Personalrisiko.

Wenn Manager/-innen bei Antritt eines neuen Jobs ihrer neuen Mannschaft zum ersten Mal begegnen, ergeben sich manchmal befremdliche Situationen. Bei solchen Gelegenheiten kann es passieren, dass völlig unterschiedliche Erwartungen aufeinander prallen und dass beide Seiten den Eindruck gewinnen, es mit Außerirdischen zu tun zu haben. Ohne ausreichende Kenntnisse über ihren neuen Geschäftsbereich konfrontieren Vorgesetzte manchmal ihre zukünftigen Organisationen mit unrealistischen

Der Chemische Faktor

Geschäftserwartungen. Schlimmer noch, sie sprechen oft über-schwänglich über ihr altes Geschäft und machen abwertende Bemerkungen darüber, was ihnen ihre neuen Mitarbeitenden präsentieren. Oft bleiben die Diskussionen schon bei der ersten Folie stecken, und die Mitarbeitenden bekommen gar nicht Gelegenheit, ihr Geschäft zu erklären. So eine ignorante und ar-rogante Attitüde ist leider immer wieder zu beobachten, wenn Führungskräfte in einer neuen Aufgabe starten. Anstatt die Gelegenheit einer ersten Begegnung zu nutzen, um einen guten Eindruck zu machen, schaffen es manche Manager/-innen bereits zu Beginn, einen tiefen Graben zwischen sich und ihre neuen Mitarbeitenden zu schaufeln.

Oft ist es der Fall, dass Manager/-innen nicht länger als drei bis vier Jahre in einer Position verbringen, bevor sie in eine andere wechseln. Abhängig von der Größe und Komplexität eines Geschäfts benötigen Führungskräfte bis zu einem Jahr, um das neue Tätigkeitsfeld voll zu verstehen, und mehrere Monate, um dieses an ihre Nachfolgenden zu übergeben. Folglich ist die Zeitspanne, in der sie mit voller Effizienz arbeiten können, recht kurz. Häufige Managerwechsel haben einen weiteren Nachteil: Wissend, dass sie nicht lange genug in einer Position verweilen, um mit den langfristigen Konsequenzen ihres Handelns konfrontiert zu werden, akzeptieren Manager/-innen unrealisti-sche Zielvorgaben leichter. Aus demselben Grund konzentrieren sie sich eher auf das Erzielen schneller Gewinne als auf die langfristige Nachhaltigkeit ihres Geschäfts.

Die Auswirkungen schlechter Geschäftsplanung auf die Mitar-beitenden sind niederschmetternd, weil diese das Vertrauen in ihre Vorgesetzten und in ihr Unternehmen verlieren. Sie fühlen sich zu einer Reise gezwungen, die sie nicht machen wollen. Unerreichbare Ziele demotivieren Menschen und verleiten sie manchmal zu Verzweiflungstaten, wie zum Beispiel das Eingehen hoher Geschäftsrisiken, die Missachtung von Regeln und Vorgaben oder manchmal sogar Rechtsbruch. All dies dürfte auf den aktuellen Dieselskandal zutreffen, der die deutsche Automobilindustrie dieser Tage erschüttert. Vorgesetzte, die unrealistische Zielvorgaben machen, haben in der Regel keine negativen Konsequenzen zu befürchten. Im Gegenteil, sie gelten als ambitionierte und unternehmerische Führungspersonen. Diejenigen, die darunter zu leiden haben, sind die Mitarbeitenden, die den schlechten Plan umsetzen müssen. Wenn sie versagen, werden sie verantwortlich gemacht, verlieren ihren Bonus und erhalten schlechte Beurteilungen. In dieser Hinsicht ist das System höchst unfair.

Das Setzen unrealistischer Zielvorgaben kann zu einem erheblichen Geschäftsrisiko werden, wie in folgendem Beispiel. Da steigende Auftragseingänge üblicherweise als Indiz für eine gesunde Geschäftsentwicklung gelten, wird oft der Fehler begangen, zu ambitionierte Ziele für die Akquisition neuer Aufträge zu setzen. „Wir müssen doppelt so schnell wie der Markt wachsen“, ist so eine typische Planungsprämisse, die oft zu unrealistischen Geschäftsplänen führt. Eine Überbewertung des Auftragseingangs erhöht die Gefahr, dass problematische Geschäfte an Land gezogen werden, die anschließend in der Ausführungsphase Schwierigkeiten bereiten. Solche ‚schlechte Aufträge‘ führen dann oft zu Fehlleistungskosten, Kundenunzufriedenheit, Reputationsverlust und zur Vernichtung von Geschäftswert.

Mitarbeiter/-innen versuchen sich ihrerseits durch ‚Sandbagging‘ (Tiefstapeln) vor zu hohen Erwartungen ihrer Vorgesetzten

Der Chemische Faktor

zu schützen. Das heißt, Ziele unterhalb des von ihnen selbst als erreichbar Erachtete zu vertreten. Wissend, dass egal was sie vorschlagen, von ihren Vorgesetzten in Frage gestellt werden würde, starten sie in den Planungsgesprächen so weit unten wie möglich und verwenden all ihre Energie darauf zu erklären, warum mehr nicht erreichbar wäre. Indem sie Risiken hervorheben und Chancen verbergen, versuchen sie, ihre Ziele so gut es geht runterzuschrauben, um den überzogenen Erwartungen ihrer Vorgesetzten entgegenzuwirken.

Ihre Mitarbeitenden der Tiefstapelei verdächtigend, entwickeln manche Manager/-innen eine wahre Paranoia. Diese äußert sich oft im Verlangen nach totaler Transparenz. Sie bestehen darauf, dass ihre Mitarbeitenden alle Karten auf den Tisch legen, und versuchen ihnen jegliche Möglichkeit zu nehmen, die Planung ihres Geschäfts selbst zu managen. Infolgedessen verlangen sie in der Regel auch, dass alle Chancen in der Planung berücksichtigt werden, und sind eher zurückhaltend, das Gleiche bezüglich der Risiken zu akzeptieren.

Die Geschäftsplanung sollte eine gemeinsame Anstrengung der Führungskräfte und ihrer Mitarbeitenden zum Wohle des Unternehmens darzustellen. Sie nimmt jedoch aus oben genannten Gründen in manchen Organisationen die Form eines seltsamen Boxkampfes zwischen den Vorgesetzten und ihren Mitarbeitenden an, in dem Erstere auf Attacke und Letztere auf Verteidigung eingestellt sind. Wenn beide Seiten, wie Gegner im Ring, darauf aus sind, den nächsten Schlag anzusetzen beziehungsweise abzuwehren, gerät das eigentliche Geschäft zur Nebensache. Argumente gehen oft unter die Gürtellinie und die Beteiligten nehmen Dinge persönlich.

Der Chemische Faktor

Anstatt ein wertvolles Managementinstrument darzustellen, das es allen ermöglicht, zur Entwicklung des Unternehmens beizutragen, verkommt die Geschäftsplanung vielerorts zu einer verhassten, bei allen Beteiligten Unbehagen verbreitenden Pflicht. Die Planungsperiode hinterlässt oft frustrierte und demotivierte Mitarbeiter/-innen, die einige Zeit brauchen, bis sie sich wieder aufs Geschäft konzentrieren können.

In einem Unternehmen, in dem die Geschäftskultur auf dem gegenseitigen Vertrauen zwischen Vorgesetzten und ihren Mit- arbeitenden sowie auf der Förderung des unternehmerischen Geistes in der gesamten Organisation aufgebaut ist, muss die Geschäftsplanung ein gemeinschaftliches Unterfangen sein. Um ihr Bestes zu geben, müssen Mitarbeitende an die Erreichbarkeit ihrer Ziele glauben. Das heißt nicht, dass sich alle in ihrer Komfortzone befinden müssen. Im Gegenteil, die meisten Men- schen brauchen eine Herausforderung, um ihre bestmögliche Leistung erreichen zu können. Wenn Manager/-innen und Mit- arbeitende sich gegenseitig respektieren und vertrauen, sollte dem Erreichen realistischer und dennoch herausfordernder Geschäftsziele nichts im Wege stehen.

Die Rennboot-Analogie

Viele Unternehmen haben exzessive Verwaltungsstrukturen. Nicht nur dass diese ein wichtiger Kostenfaktor sind, haben viele Verwaltungsfunktionen einen geringen unternehmerischen Wertbeitrag und hindern sogar oft die operativen Einheiten bei ihrer Arbeit. Diesbezüglich ähneln manche Unternehmen einem Boot mit zu vielen Steuermännern und zu wenig Ruderern.

Normalerweise sollte die Anzahl der Ruderer in einem Boot größer sein als die der Steuermänner. Einer der Letzteren könnte gegebenenfalls nötig sein, in vielen Fällen könnte jedoch der Schlagmann dessen Aufgaben übernehmen. Gesunder Menschenverstand diktiert, dass – wenn man ein Ruderboot möglich schnell machen will – man die beste Kombination ausprobiert: die mit beziehungsweise ohne Steuermann. Das heißt zu ermitteln, welchen Mehrwert diese zusätzliche Person an Bord zur Erreichung des gesetzten Ziels, also das schnellste Boot ins Rennen zu schicken und dieses zu gewinnen, beiträgt. Wenn der Steuermann keinen entscheidenden Vorteil darstellt – zum Beispiel indem er die anderen Teams beobachtet und die Schlagzahl intelligent anpasst, sodass genügend Reserven für den entscheidenden Endspurt vorhanden sind – ist er bloß wertloser Ballast. In Rennbooten, wie sie im Oxford-Cambridge Rennen eingesetzt werden, ist alles auf Leistung getrimmt. Weil diese Rennen nicht nur über physische Faktoren entschieden werden, sondern weitgehend auch über Strategie und Taktik, haben diese Boote einen Steuermann. Während die Ruderer groß und schwer sind, muss Letzterer eher klein und leicht sein.

Der Chemische Faktor

Auch wenn Ruderer üblicherweise um die hundert Kilo wiegen, käme niemand, der sich in dieser Sportart auskennt, auf die abwegige Idee, einen hundertfünfzig Kilo Steuermann ins Boot zu setzten.

Deshalb ist es ziemlich überraschend, dass manche Unternehmen von dieser einfachen Logik – jedes zusätzliche Kilo, welches das Boot wiegt, muss durch eine extra Anstrengung der Ruderer kompensiert werden – abweichen und zweihundert Kilo Steuermänner in ihren Organisationen vorhalten. Im Geschäft produzieren die operativen Einheiten (die Ruderer) das Unternehmensergebnis, während die nichtoperativen Einheiten (die Steuermänner) die richtigen Bedingungen sicherstellen müssen, unter denen Erstere ihre optimale Leistung entfalten können. So wie im Rennruderboot.

Werden solche Einheiten überhaupt gebraucht? Aber sicher! Ein komplexes Geschäft in einem komplexen Marktumfeld kann ohne sie nicht funktionieren. Sie sind dafür verantwortlich, die Geschäftsstrategien zu definieren, den Wettbewerb zu beobachten, Ergebnisse zu analysieren und die notwendigen Ressourcen für das Geschäft sicherzustellen.

Nicht anders als im Rennboot müssen diese Einheiten schlank und effektiv sein. In manchen Unternehmen sind sie jedoch genau das Gegenteil.

Ein intrinsisches Problem größerer Organisationen ist, dass die Effizienz nichtproduktiver Einheiten nur von diesen selbst beurteilt werden kann. Wer sonst als die Personalabteilung eines Unternehmens selbst könnte beurteilen, wie viele Mitarbeiter/-innen sie benötigt. Das Gleiche gilt für Strategieabteilungen, Controlling, Marketing und viele andere Bereiche. Wären sich sowohl die Führungskräfte als auch die Mitarbeitenden dieser Abteilungen im Klaren, dass jedes zusätzliche Pfund, das sie auf die Waage bringen, von den operativen Einheiten kompensiert werden müsste, könnten die Dinge wahrscheinlich einfacher in Ordnung gehalten werden. Weil dies aber oft nicht der Fall ist, wachsen Verwaltungseinheiten unkontrolliert, manchmal über das vom Geschäft tatsächlich Tragbare hinaus. Warum greift die oberste Führungsebene im Unternehmen nicht selbst korrektiv ein? Für viele Topmanager/-innen haben Verwaltungseinheiten die gleiche Rolle wie Höflinge für Könige in früheren Zeiten. Wenn der Hofstab eines Regenten zu teuer wurde, erhöhte dieser üblicherweise die Steuern, anstatt einige seiner Bediensteten zu entlassen. Ähnlich schieben viele Manager/-innen das Problem überbordender Funktionskosten in die operativen Einheiten und verlangen, dass diese ihren Ergebnisbeitrag erhöhen.

Nicht alle Geschäfte sind gleich. Die Verantwortungsbereiche und die Relevanz von Verwaltungsfunktionen können sehr variieren. Zum Beispiel ist die Bedeutung von Marketing im Endkundengeschäft (B2C) viel höher als in Geschäft-zu-Geschäft (B2B) Beziehungen. Wenn Kunden nicht individuell erreicht werden können, machen umfangreiche Marketingkampagnen viel Sinn. Im Smartphone-Geschäft ist es überaus wichtig, die spezifischen Präferenzen der unterschiedlichen Kundengruppen zu kennen, um Produktentwicklung und Werbung richtig zu steuern. Dies erfordert somit einen hohen Marketingaufwand. In Geschäft-zu-Geschäft Bereichen, und speziell dann, wenn der Markt aus nur einer überschaubaren Anzahl von größeren Kunden besteht, wäre ein solch hoher Marketingaufwand reine Verschwendung. Hier ist Kundenintimität der entscheidende Erfolgsfaktor. Dies ist etwas, worum sich Vertriebsleute, Account-Verantwortliche und selbst das Topmanagement kümmern müssen; also hat Marketing an dieser Stelle eine geringere Relevanz.

Es ist überaus wichtig, dass Unternehmen genau festlegen, wie viel Aufwand in nichtproduktiven Bereichen betrieben werden soll. Diesbezüglich müssen sie kontinuierlich den geschäftlichen Mehrwert solcher Aktivitäten analysieren und solche mit geringem Geschäftsbeitrag beenden.

Vornehmlich in größeren Unternehmen können Verwaltungseinheiten sehr groß werden und eine Eigendynamik entwickeln. Dies macht eine Verschlankung besonders schwierig. Sie kreieren neue Prozesse, neue Berichte und viele andere Dinge von manchmal fragwürdigem Wert. In der Folge wächst der Aufwand für die operativen Einheiten, während die Verwaltungsabteilungen noch mehr Mitarbeiter/-innen benötigen, um die zusätzlichen Informationen zu bearbeiten. Eines der Probleme dabei ist, dass viele der Mitarbeitenden in diesen Einheiten zu weit weg vom Operativen sind und sich sogar sträuben, in dieses hineingezogen zu werden. Vielen fehlen sogar die grundlegendsten Kenntnisse über das Geschäft. Dies führt dann zu Fehlern, Friktion und Stillstand.

Zum Beispiel ist eine präzise Regelung erforderlich, wo im Unternehmen die Strategie definiert wird. Dies könnten die einzelnen operativen Einheiten sein, wobei jede ihre individuelle Strategie bestimmt, die Aufgabe könnte aber auch durch eine zentrale Strategieabteilung erledigt werden. In vielen Unternehmen ist aber eine uneindeutige Mixtur beider Lösungen vorzufinden.

Die Rolle der Strategieabteilungen ist, die zukünftige Entwicklung des Unternehmens hinsichtlich der Märkte, des Geschäftsportfolios sowie der erforderlichen Ressourcen zu steuern.

Der Chemische Faktor

Größere Unternehmen haben üblicherweise mehrere Strategie-abteilungen in den verschiedenen Ebenen, die sich um diese Aufgabe kümmern. Oft aber übernehmen die operativen Einheiten selbst diese Arbeit. Aus diesem Grund sind viele dieser Stabsfunktionen obsolet oder personell zu üppig ausgestattet. Ihr Beitrag beschränkt sich oft auf die Erstellung von Vorlagen, die Koordination der operativen Einheiten, die formelle Prüfung ihrer Eingaben und gegebenenfalls das Zusammenführen ihrer individuellen Strategien in ein unternehmensweites Strategie-papier. Anstatt die Geschäftsentwicklung zu steuern, spielen viele dieser Abteilungen bloß die Rolle eines Vermittlers, indem sie Informationen zwischen der Geschäftsleitung und den operativen Einheiten durchreichen. Weil Mitarbeitende der Strategieabteilungen manchmal nicht über ein ausreichendes Wissen über das Geschäft verfügen, behindern sie sogar die Geschäftsabläufe. Häufige solcher Fehler entstehen zum Beispiel durch ein mangelhaftes Verständnis der Vorgaben der Unternehmensleitung, durch Bereitstellen fehlerhafter Vorlagen und durch Fehlinterpretation von Kennzahlen. Mit Bezug auf ihre eher beschränkte Rolle und geringen Wertbeitrag sind manche Strategieabteilungen überbesetzt und ihre Mitarbeitenden überbezahlt.

Personalabteilungen generieren oft auch zu hohe Funktionskosten für zu wenig Ergebnis. Über die reine Verwaltung der Personalressourcen hinaus sollten Personalabteilungen auch eine entscheidende Rolle in der Definition der Personalstrategie des Unternehmens spielen. Dies beinhaltet die kontinuierliche Überwachung der guten Verfassung der Personalstruktur, die Identifikation und Rekrutierung der besten Kandidaten/-innen für wichtige Jobs, die kontinuierliche Anpassung des Skillsets und die Karriereentwicklung der Mitarbeitenden. Dafür müssten auch die Personalfachkräfte gute Kenntnisse über das Geschäft haben. Dies ist nicht immer der Fall. Anstelle erledigen allzu oft die operativen Einheiten diese Aufgaben. Die Personalabteilungen unterstützen sie nur allgemein und bieten wenig Unterstützung, wenn konkretes Handeln erforderlich ist.

Controlling ist eine weitere Grauzone, an welcher Stelle manchmal unnötigerweise hohe Verwaltungskosten entstehen. Zweifellos ist das regelmäßige Sammeln, Analysieren und Reporten von Geschäftsdaten eine wichtige Aufgabe. Dennoch, mit gut definierten und effizienten Reporting-Prozessen zwischen den operativen und den Controlling-Einheiten könnten diese Aufgaben mit deutlich weniger Aufwand erledigt werden, als dies oft der Fall ist. Es erscheint manchmal, als ob das Topmanagement die Controlling-Abteilungen eher dazu bräuchte, um die operativen Einheiten zu kontrollieren als das Geschäft selbst. Je schlechter Letzteres läuft, umso mehr Aufwand und Kosten werden darauf verwendet, es zu controllen. Es ist ein weit verbreiteter Managementfehler anzunehmen, dass in so einer Situation ein Geschäft durch Controlling gesteuert werden kann. Wenn es hakt, müssen alle Kräfte darauf verwendet werden, die Situation in den Bereichen, wo die Wertschöpfung stattfindet, zu verbessern. Dies ist der Ort, an dem über den Geschäftserfolg entschieden wird. Wenn beispielsweise wichtige Geschäftsunterfangen ihre Budgets immer wieder überschreiten oder Schwierigkeiten haben, das erforderliche Level an Qualität zu gewährleisten, müssen die wahren Ursachen dieser Probleme schnellstmöglich identifiziert und gelöst werden. Solche Ursachen könnten zum Beispiel ein schwaches Projektmanagement, Personalmangel oder fehlende Mitarbeitermotivation sein. Diese müssten dann umgehend auf operativer Ebene adressiert und behoben werden. Zahlenspiele und Graphiken nutzen da wenig. Ganz im Gegenteil, sie produzieren nur Aufwand und Kosten, während die wahren Probleme ungelöst bleiben.

Der Chemische Faktor

Aufgeblähte Verwaltungsstrukturen und ein ungesundes Verhältnis zwischen produktiven und nicht produktiven Mitarbeitenden sind ein wichtiger Kostenfaktor und können die wirtschaftliche Nachhaltigkeit eines Unternehmens ernsthaft gefährden. Eine Kernaufgabe des CEOs ist es zu definieren, wie die Organisation funktionieren muss, und den unterschiedlichen Abteilungen klare Verantwortlichkeiten zuzuordnen. Diesbezüglich ist es besonders wichtig, Redundanzen zu vermeiden. Redundanz ist ein typisches Problem von Unternehmen mit exzessiven Verwaltungsstrukturen. Wenn etwas bereits durch die operativen Einheiten erledigt wird, ist es nicht notwendig, ja sogar kontraproduktiv, dass sich jemand in einer Verwaltungsabteilung um die gleiche Sache kümmert. Auch wenn dies selbstverständlich erscheint, kann in vielen Unternehmen dennoch eine solche Überlappung von Aufgabenbereichen beobachtet werden. Eine Verschlankung der Verwaltungsstrukturen könnte herbeigeführt werden, indem man den Mehrwert nichtproduktiver Bereiche systematisch analysieren und solche mit geringem Wertbeitrag reduzieren oder eliminieren würde. Leider werden solche Unzulänglichkeiten oft nicht direkt adressiert. Stattdessen werden meist nur allgemeine Programme zur Reduzierung der Verwaltungskosten aufgesetzt. „Reduziert die FUKOS um 15%!", mit dem häufigen Ergebnis, dass solche Kosten in die operativen Einheiten geschoben werden, ohne dass das eigentliche Problem behoben wird. Es ist oft der Fall, dass speziell in einer Krisensituation, wenn es dem Unternehmen schlecht geht, die Verwaltungskosten durch Schaffung neuer Strukturen und Funktionen oder durch Hinzuziehen externer Berater sogar nach oben gehen.

Es ist erstaunlich, manchmal Leute in Unternehmen anzutreffen, von denen niemand so richtig weiß, was sie wirklich tun. Sie sind schon immer da gewesen, und niemand hinterfragt nunmehr

ihre Rolle. Tatsächlich finden in großen und komplexen Organisationen Mitarbeiter/-innen mit nicht immer nachvollziehbarem
Wertbeitrag oft ein gutes Versteck. Oft werden sie mit wichtigen
Personen in der Organisation in Verbindung gebracht und
schaffen es geschickt, ihre Position zu verteidigen. Es ist eine
Frage der Organisationshygiene, solche Personen in eine
werthaltige Aufgabe zu transferieren oder sie aus dem Unternehmen zu entfernen.

Typische Jobbeschreibungen von Leuten mit manchmal fragwürdigem Unternehmensbeitrag sind ,Referent für *irgendwas*'.
Referenten haben üblicherweise keine direkte Geschäftsverant-
wortung, und der Erfolg ihrer Aktivitäten ist eher schwierig zu
messen. Die Entscheidung, welche dieser Funktionen das Unternehmen benötigt, sollte einzig und allein auf Basis des
dargelegten Mehrwerts gefällt werden. Der Ansatz: „Setzt sie
ins Boot, und wenn dieses schneller wird, dürfen sie bleiben",
sollte dabei stets beherzigt werden. Zum Beispiel könnte in
einem größeren internationalen Unternehmen eine bestimmte
Region besonders gute Ergebnisse abgeliefert haben. Sollten
nun diese Ergebnisse auf die gute Führung durch die zentralen
Strategie- beziehungsweise Geschäftsentwicklungsabteilungen
zurückgeführt oder sollten sie eher der regionalen Einheit aufgrund ihrer guten Arbeit zugesprochen werden? Meistens ernten
Erstere die Lorbeeren. „Das Geschäftsvolumen in meiner Region
ist in den letzten drei Jahren um x% gewachsen", behaupten
Stammhausmitarbeiter marktschreierisch oft und erwarten,
dass jeder ihren hohen Wertbeitrag würdigt. Ein tieferer Blick
hinter die Kulissen bringt dann oft ein anderes Bild zu Tage und
zeigt, dass der beherzte Einsatz der Mitarbeitenden in der
Region der wahre Grund des Erfolgs war. Dennoch ist in großen
Unternehmen mit internationaler Präsenz die Geschäftsentwicklung eine wichtige Funktion. Der typische Aufgabenbereich von

Der Chemische Faktor

Mitarbeitern/-innen in den Geschäftsentwicklungsabteilungen solcher Unternehmen ist die Eröffnung neuer Geschäftsmöglich-keiten, die Entwicklung neuer Märkte und die Unterstützung der regionalen Niederlassungen. Sie können einen hohen Wertbei-trag für das Unternehmen leisten, indem sie den Zugang zu wichtigen Kunden eröffnen, wichtige Verträge verhandeln, Projekte mobilisieren und helfen, die Geschäftsperformance zu verbessern. Um erfolgreich zu sein, müssen sie über ausge-zeichnetes Fachwissen, starke unternehmerische Fähigkeiten sowie hohe soziale und interkulturelle Kompetenz verfügen. Ebenfalls sollten sie zumindest in einigen dieser Gebiete einen Kompetenzvorsprung gegenüber den Kollegen in den regionalen Einheiten vorweisen können. Nicht alle Mitarbeiter/-innen dieser Abteilungen erfüllen jedoch diese Voraussetzungen. Diese Funktion wird oft benutzt, um darin Personen zu parken, die im Unternehmen anderweitig nicht gebraucht werden. Anstelle sich selbst aktiv ins Geschäftsgeschehen einzuschalten, agieren viele Geschäftsentwickler eher als Zuschauer. Ihre Aktivitäten be-schränken sich auf den gelegentlichen Besuch der regionalen Einheiten, das Sammeln von Daten und Information für die Berichterstattung und das Kommunizieren von Geschäftszielen und anderen Stammhausanweisungen. Viele von ihnen lernen über das Geschäft von den Leuten, die sie eigentlich selbst anleiten sollten. Sie übernehmen wenig Verantwortung dafür, was in ihrer Region passiert. Laufen die Geschäfte gut, treten sie einen Schritt vor und erwarten Anerkennung. Wenn es hakt, ziehen sie es vor, im Hintergrund zu bleiben und den Schwarzen Peter den Leuten draußen in der Region zuzuschieben. In vielen Fällen rechtfertigt der generierte Mehrwert dieser Funktionen die hohen damit verbundenen Kosten in keiner Weise.

Funktionale Organisationen sind besonders anfällig für Re-dundanz, Ineffizienz, einen hohen Koordinierungsaufwand und aufgeblähte Verwaltungsstrukturen. Wenn Vertrieb, Abwicklung, Beschaffung und Entwicklung als funktionale Einheiten aufgestellt sind, hat keine von ihnen eine Anfang-zu-Ende Zuständigkeit. Die einzige Person, die für das Gesamtergebnis die Verantwortung trägt, ist der CEO des Unternehmens. Sind all diese Einheiten nicht auf ein gemeinsames Ziel und auf den übergeordneten Geschäftserfolg eingeschworen, kann eine solche Organisation nicht gut funktionieren. Es könnte dann leicht passieren, dass jede Abteilung ihren Anteil beiträgt, jedoch ohne größere Sorge darüber, ob diese Teile später auch zusammenpassen. Wenn dann schließlich alles zu einer Gesamtlösung zusammengefügt wird, sind alle oft überrascht festzustellen, dass dies nicht das ist, was geplant war oder der Kunde bestellt hatte. In so einer Situation haben die CEOs meistens keine Chance, den Knoten zu entwirren. In vielen Fällen werden sie von der Anzahl und Komplexität der anstehenden Aufgaben erdrückt und wissen gar nicht, wo sie anfangen sollen.

Mitarbeiter/-innen in den operativen Einheiten der Unternehmen haben wenig Verständnis dafür, wie viel Aufwand und Geld in nichtproduktiven Abteilungen manchmal verschwendet werden. Sie beobachten, dass diese stetig wachsen, während sie selbst oft Probleme haben, die für ihre Arbeit benötigten Ressourcen bewilligt zu bekommen. Sie sehen sich ständig mit neuen Herausforderungen konfrontiert, ihren Gewinnbeitrag zu steigern, oft über das in ihrem Geschäft tatsächlich Erreichbare hinaus. Auf lange Sicht richtet so eine Situation die Mitarbeitenden zu Grunde, tötet ihre Motivation und führt dazu, dass sie ihren Glauben an das Unternehmen und an ihre Manager/-innen verlieren.

Nicht rechtzeitig adressiert, kann so eine Situation, in der ein Unternehmen mit kontinuierlich wachsenden Funktionskosten

Der Chemische Faktor

und einer stetig erodierenden operativen Leistungsfähigkeit zu kämpfen hat, in einer Todesspirale enden.

Der Chemische Faktor

Die Todes-Spirale

Todesspiralen sind aus der Luftfahrt bekannt und der Albtraum eines jeden Piloten. Ähnlich wie bei Flugzeugen können Todesspiralen auch in der Geschäftswelt auftreten. Sie passieren nicht zufällig. Viele sind die direkte Konsequenz von Managementfehlern aufgrund von Unfähigkeit, Ignoranz, Überschätzung oder fehlgeleitetem Stolz.

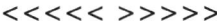

Wenn Flugzeuge in eine Todesspirale geraten, ist dies üblicherweise die Folge dessen, dass unter schlechten Wetterbedingungen die Sinneswahrnehmung der Piloten in die Irre geführt wird und sie es zudem nicht vermögen, die Informationen der Fluginstrumente richtig zu interpretieren. Manchmal können Todesspiralen auch durch den Ausfall eines wichtigen Flugzeugsystems verursacht werden. Diese gefährliche Flugsituation endet meistens mit einem Absturz. Generell sind Todesspiralen in der Luftfahrt die Folge einer Kombination physischer und menschlicher Faktoren.

Ein Unternehmen kann ebenfalls in eine Todesspirale geraten, wenn die Führungsverantwortlichen es nicht schaffen, dessen Wettbewerbsfähigkeit zu erhalten oder Änderungen im Geschäftsumfeld zu erkennen. Da in diesem Fall physische Aspekte keine Rolle spielen, tragen meistens die Manager/-innen, die zulassen, dass ihre Firma in so eine Schieflage gerät, die Verantwortung. Es gibt viele Ursachen, die ein Unternehmen in eine Todesspirale stürzen können. Dies könnten externe Faktoren sein, wie zum Beispiel eine sinkende Marktnachfrage oder

Der Chemische Faktor

Änderungen in der Wettbewerbssituation. Es gibt aber auch viele interne Ursachen, die zu einem Absturz führen könnten: ein nicht marktgerechtes Portfolio, eine überalterte Personalstruktur, unrealistische Geschäftsziele, eine ungeeignete organisatorische Aufstellung, Ineffizienz oder geringe Mitarbeitermotivation. Üblicherweise steht nur einer dieser Faktoren am Anfang einer solchen gefährlichen Entwicklung. Wird diese Ursache jedoch nicht rechtzeitig adressiert, kommen bald weitere hinzu, sodass sich der Niedergang weiter beschleunigt. Früher oder später eskaliert die Situation so weit, dass die Manager/-innen komplett die Kontrolle verlieren und nicht mehr wissen, an welchen Steuerseilen sie zuerst ziehen sollen.

Auch wenn das Ergebnis meistens das gleiche ist, nämlich der Absturz des Flugzeugs beziehungsweise des Unternehmens, sind nicht alle Todesspiralen gleicher Natur. Zum Beispiel war der Niedergang der traditionellen Uhrmacherei nach dem Erfinden der Quarzuhren unvermeidbar. Plötzlich wollten alle nur noch Quarzuhren, weil sie modisch und billig waren und besonders, weil sie genauer liefen. In einer sehr kurzen Zeitspanne verlor die traditionelle Uhrmacherei ihre gesamte Geschäftsbasis. War das Wegbrechen dieser Marktnachfrage voraussehbar? Möglicherweise. War diese dramatische Situation vermeidbar? Wahrscheinlich nicht. Auch wenn die Schweiz damals führend in der Entwicklung von Quarz-Uhrwerken war und die einheimischen Uhrenhersteller die außerordentliche Relevanz dieser Erfindung hätten erkennen müssen, wäre ein Umstieg auf die neue Technologie in so kurzer Zeit äußerst schwer zu bewältigen gewesen. Alle traditionellen schweizerischen Uhrenmarken fielen in ein tiefes Loch und kämpften mit dem dramatischen Rückgang der Nachfrage nach ihren Produkten. Manche stürzten ab, manche überlebten die harte Landung und erholten sich, als das Tragen einer mechanischen Uhr wieder als ein Zeichen von

Der Chemische Faktor

Exklusivität und Distinktion zu gelten begann. Dieser Tage sehen sich die traditionellen Autobauer mit einer ähnlichen Situation konfrontiert, auch wenn der Wandel etwas langsamer stattfindet. Nur die Hersteller werden erfolgreich sein, die es schaffen, auf den Gewinnen, die Verbrennungsautos immer noch ermöglichen, maximal zu kapitalisieren und gleichzeitig klug in neue Technologien zu investieren, um dann bei voller Geschwindigkeit in die Ära der Elektromobilität einzutreten. Alle anderen werden ein Nischendasein fristen oder komplett vom Markt verschwinden.

Anders als in den oben aufgeführten Beispielen entstehen manche Todesspiralen unter intakten Marktbedingungen und sind das Ergebnis schlechten Managements. Dies macht sie besonders bedauerlich. Die Ursachen solcher Schieflagen sind vielfältig. Sie könnten zum Beispiel durch unrealistische Ziel-vorgaben eingeleitet werden. Zu ambitionierte Wachstumspläne bergen viele Risiken, zum Beispiel wenn die Kapazitäten eines Unternehmens bei der Auftragsdurchführung nicht mit dem Volumen neuer Aufträge schritthalten können. Wenn zu viele Aufträge gleichzeitig ausgeführt werden müssen und es zu Personalengpässen kommt, leidet in der Regel die Qualität. Technische Fehler und Zeitverzug treiben die Kosten in die Höhe und verursachen gegebenenfalls zudem noch Pönalen und weitere Vertragsstrafen. Ein paar solche Aufträge können leicht die Profitabilität des gesamten Geschäfts gefährden. Die Mitar-beitenden werden von einem Auftrag zum nächsten gehetzt und an ihre Leistungsgrenze (und oft darüber hinaus) getrieben. In der Folge verlieren sie ihre Motivation, und Fehler häufen sich immer mehr. Zunehmend schlechte Qualität steigert schließlich die Kundenunzufriedenheit. Plötzlich scheint nichts mehr zu passen. Ein gemeinsames Merkmal fast aller Todesspiralen ist, dass Manager/-innen es nicht schaffen oder sich weigern, die

Der Chemische Faktor

wahren Gründe zu erkennen, und deshalb die falschen Maßnahmen einleiten. Ungeachtet der wahren Ursachen, starten die
meisten Verantwortlichen damit, Kosten zu reduzieren. Auf
Biegen und Brechen. Bürokratische Hürden, wie Genehmigungs-
pflichten für jegliche Ausgaben oder generelle Einstellungs-
stopps, sogar für dringend erforderliches operatives Personal,
werden ohne Bedacht errichtet. Solche Maßnahmen können
gegebenenfalls den Absturz verzögern, ohne ihn jedoch zu verhindern. Manchmal beschleunigen sie ihn sogar.

Paradoxerweise scheinen die Verwaltungskosten von Unternehmen in Schieflage sogar zu wachsen. Anstatt sich auf die Lösung
der wahren Probleme zu fokussieren, vergeuden die Verantwortlichen oft ihre Kräfte und die ihrer Organisation darauf, die
Lage durch Controlling in den Griff zu bekommen. Controlling
kann einen wertvollen Beitrag dazu leisten, dass ein Unternehmen erst gar nicht in eine Schieflage gerät. In einer Krise ist es
jedoch das falsche Instrument.

Die grundsätzliche Frage, die vor Einleitung eines Turn-around-
Versuchs beantwortet werden muss, ist, ob das Unternehmen
noch über die intrinsischen Fähigkeiten für eine Umkehr verfügt.
Die beiden wichtigsten Faktoren diesbezüglich sind eine
ausreichende Anzahl an fähigen und immer noch motivierten
Führungskräften und eine immer noch engagierte Belegschaft.
Unter diesen Bedingungen ist ein Umschwung gegebenenfalls
noch möglich. Die Rolle des/der Turnaround-Managers/-in muss
der CEO übernehmen. Eine andere Person für diese Aufgabe zu
benennen, käme einer Verweigerung der eigenen Führungsver-
antwortung gleich.

Unabhängig davon, wie die Todesspirale startet, wenn ein
Unternehmen in so eine hineingerät, scheint nichts mehr zu

funktionieren. Schlechte Auftragsausführung macht Kunden zunehmend unzufrieden, sodass diese dem Unternehmen nicht mehr trauen und keine weiteren Aufträge erteilen. Da infolgedessen der Auftragseingang einbricht, sind die Manager/-innen noch weniger bereit, neue Mitarbeitende einzustellen. Gute Leute verlassen das Unternehmen, und Durchschnittlichkeit ersetzt Exzellenz. Dies ist auch der Zeitpunkt, wenn Wettbewerber aggressiv versuchen, die besten Mitarbeiter/-innen abzuwerben. Unter solchen Umständen ist es schmerzlich zu sehen, wie die besten Leute die Seiten wechseln und ihr gesamtes Wissen mitnehmen. Meistens erkennen die Verantwortlichen die Dimension des Problems nicht, weil sie oft auch keine akkurate Information von den unteren Ebenen erhalten. Manchmal auch, weil sie das ignorieren, was sie nicht hören wollen. Natürlich senden sie unter diesen Umständen die falschen Signale in die Organisation und verschlechtern die Lage weiter.

Oft werden externe Berater hinzugezogen, um die Situation zu analysieren und Lösungen vorzuschlagen. Da so eine Dienstleistung in der Regel nicht billig ist, erhöht sich die Kostenlast für das Unternehmen weiter. Die meisten dieser Berater starten, indem sie umfangreiche Interviews mit den Führungskräften führen und sie dadurch davon abhalten, ihren Aufgaben nachzugehen. In vielen Fällen verfügen Berater nicht über das erforderliche spezifische Fachwissen bezüglich des zu untersuchenden Geschäfts und versuchen, die Probleme mit einem generischen Ansatz anzugehen. Aus diesem Grund produzieren sie auch meistens nur generische Ergebnisse. Wenn sie ihre Folgerungen schließlich präsentieren, ist jeder überrascht, das zu hören, was alle sowieso schon wussten.

Schließlich stellt die Unternehmensleitung neue Führungskräfte ein, um die zu ersetzten, die für die Misere verantwortlich gemacht werden. In Einzelfällen kann dies eine geeignete Lösung sein. Oft aber funktioniert dieser Ansatz auch nicht. Die neuen Manager/-innen haben häufig mit unvorteilhaften Rahmenbedingen zu kämpfen, wie fehlenden oder mangelhaften Prozessbeschreibungen, unklaren Verantwortlichkeiten oder schwammigen Schnittstellendefinitionen. Überfordert von der Komplexität der Aufgaben und ermüdet vom Kampf gegen Windmühlen, geben sie manchmal schon nach einigen Monaten auf. Darüber hinaus benötigen neue Manager/-innen zwischen einem halben und einem ganzen Jahr, um ein komplexes Geschäft gut zu verstehen und zu durchdringen. In einer Todesspirale ist aber der Faktor Zeit kriegsentscheidend. Schnelles Eingreifen ist erforderlich, und es gibt keine Schonfrist.

Aus all diesen Gründen ist ein Entkommen aus einer Todesspirale so schwierig.

Die Verantwortung für einen solchen Absturz trägt immer die Unternehmensleitung. Nicht anders als beim Flugzeugkapitän während des Flugs ist es ihre Aufgabe, die Geschäftssituation kontinuierlich zu analysieren und die Richtung der Unternehmensentwicklung entsprechend anzupassen. Wie der Pilot, der eine gefährliche Sturmfront rechtzeitig antizipieren muss, müssen Manager/-innen Änderungen im Geschäftsumfeld, zum Beispiel bezüglich der Märkte und der Wettbewerber, erkennen und entsprechend reagieren. Bei ihren Entscheidungen sollten sie sich sowohl der Ergebnisse von Geschäftsanalysen als auch der Informationen von ihren Mitarbeitenden bedienen. Dabei dürfen sie diese nicht blind übernehmen, sondern durch ihren eigenen Geschäftssinn reflektieren.

Da die meisten Todesspiralen in einem Absturz enden, muss es offensichtlich das Ziel sein, diese zu vermeiden. Manager/-innen

Der Chemische Faktor

müssen jeden Arbeitstag mit der Frage starten: „Sind wir noch in der Spur?" Regelmäßige Managementmeetings konzentrieren sich vornehmlich auf aktuelle betriebliche Belange und adressieren die allgemeine Geschäftssituation nicht ausreichend. Führungskräfte sollten ihre Mitarbeitenden ermutigen, regelmäßig über obige Frage nachzudenken und ihre Meinung dazu offen kundzutun. Auf diese Art würden sie wertvolle Information darüber erhalten, wie es dem Unternehmen wirklich geht und wo potenzielle Gefahren lauern könnten. Bedauerlicherweise mögen viele Vorgesetzte keine offenen Meinungen, speziell wenn diese von ihren eigenen Ideen abweichen.

Es gibt viele Frühindikatoren, die auf eine unvorteilhafte Geschäftsentwicklung hindeuten, die in einer Todesspirale enden könnte. Ein interessanter Ansatz, eine solche Situation zu vermeiden, wäre, den Gesundheitszustand eines Unternehmens regelmäßig anhand einiger wichtiger Aspekte systematisch zu ermitteln: (1) Märkte, Kunden und Nachfrage; (2) Geschäftsportfolio und Innovation; (3) Wettbewerber; (4) Partner und Lieferanten; (5) Vertrieb; (6) betriebliche Abläufe; (7) Personalressourcen und Organisationshygiene; und (8) Finanzen. Diese Struktur kann natürlich den spezifischen Anforderungen eines jeden Unternehmens weiter angepasst werden. In Verbindung mit einem Bewertungsschema, zum Beispiel einer Skala von 1 (im Soll) über 3 (erfordert kurzfristige Aktion) bis 5 (extrem kritisch) und spezifischen Bewertungskriterien für jede Kategorie, könnte der Unternehmenszustand ganzheitlich ermittelt werden. Indem auf diese Art die Geschäftslage regelmäßig in Managementmeetings, zum Beispiel halbjährlich, erhoben und besprochen werden würde, könnte die Frage: „Sind wir noch in der Spur?", objektiver und verlässlicher beantwortet werden. „Haben wir angemessen auf eventuelle Marktveränderungen reagiert und unsere Strategie und unser Portfolio

entsprechend angepasst?" „Haben wir für jeden unserer strate-
gischen Kunden einen spezifischen Entwicklungsplan bereit und
sind wir diesbezüglich vertrieblich gut aufgestellt?" Eine solcher
Ansatz hätte den Vorteil, dass er Manager/-innen formell zwingt,
regelmäßig den Zustand des Unternehmens zu analysieren und
gegebenenfalls korrektiv einzugreifen. Er kann verhindern, dass
Führungskräfte erst dann aktiv werden, wenn die Situation
bereits kritisch ist, und sie zwingen, schon auf erste Anzeichen
einer Fehlentwicklung zu reagieren. Zum Beispiel sind alle
überrascht, wenn die Personalstruktur eines Unternehmens
plötzlich überaltert ist oder wenn wichtige Spezialisten/-innen in
den Ruhestand gehen und niemand da ist, um sie zu ersetzen.
Eine regelmäßige Analyse dieser Aspekte würde die Geschäfts-
führer/-innen und ihre Personalabteilungen zwingen, sich
rechtzeitig mit so einer Situation auseinanderzusetzen. Dabei
müssten sie auch die Frage beantworten: „Ist für jede Schlüssel-
person im Unternehmen *rechtzeitig* vor deren Austritt eine
Nachfolge identifiziert und benannt?" Rechtzeitig hieße in
diesem Fall zum Beispiel zwei Jahre. Bei mehr als zwei Jahren
bis zum Eintritt einer wichtigen Fachkraft in den Ruhestand wäre
noch alles in Ordnung, bei einem wäre kurzfristige Aktion
erforderlich und bei einem halben Jahr wäre die Lage extrem
kritisch und kaum noch zu kitten.

Viele böse Überraschungen, wie das Geraten von Unternehmen
in einen Abwärtsstrudel, hätten vermieden werden können,
wenn die Aufsichtsräte von ihren Topmanagern/-innen verlangt
hätten, regelmäßig anhand einer solchen Systematik Rechenschaft über den Gesundheitszustand ihres Unternehmens ab-
zulegen.

Einer Todesspirale zu entkommen ist deshalb so schwierig, weil
es anscheinend keine feste Handhabe für das Problem gibt. Alles

ist in Bewegung, und man findet keinen festen Stand. Es ist unmöglich, alle Probleme gleichzeitig zu bearbeiten. Es ist deshalb essenziell, alle Kräfte auf die Grundursache der prekären Lage zu bündeln und nicht zu viel Anstrengung auf die Probleme zu verschwenden, die automatisch in Ordnung kämen, wenn das Grundübel erst mal gelöst wäre. Zum Beispiel, wenn aufgrund schlechter Qualität die Kunden zunehmend unzufrieden sind, Mitarbeitende ihre Motivation verlieren und sich die gesamte Geschäftslage verschlechtert, macht es keinen Sinn, die Akquisition neuer Aufträge weiter zu pushen. Jeder zusätzliche Auftrag würde die Situation weiter verschlechtern. In so einem Fall wäre Forschung und Entwicklung auch nicht erste Priorität. Somit könnten zusätzliche Engineering-Ressourcen aus diesem Bereich den operativen Einheiten zugeteilt werden, um die Probleme dort schneller in den Griff zu bekommen. Die gute Zusammenarbeit des gesamten Managementteams ist in so einer Situation kriegsentscheidend. Gegenseitiges Fingerzeigen und gegenseitige Schuldzuweisungen helfen nicht weiter. Es ist die Aufgabe der obersten Unternehmensführung, alle Anstrengungen auf das gemeinsame Ziel, nämlich der Todesspirale zu entkommen, auszurichten. Ein weiterer wichtiger Aspekt ist, es tunlichst zu vermeiden, dass sich die Mitarbeitenden mit ihren Problemen allein gelassen fühlen. Die Vertreter der Unternehmensführung müssen regelmäßig die verschiedenen Betriebsstätten besuchen und die Mitarbeitenden ihrer vollen Unterstützung versichern. Sie müssen auch regelmäßig bei ihren Kunden vorbeischauen und zeigen, dass sie sich persönlich um die Probleme kümmern. Wenn die Mängel auf betrieblicher Ebene erst mal gelöst sind, wird der Druck seitens der Kunden automatisch nachlassen und die Motivation der Mitarbeitenden schrittweise wiederkehren.

Der Chemische Faktor

Wenn ein Unternehmen einer Todesspirale schließlich entkommt, betrachten viele Manager/-innen dies oft als Beleg ihrer Führungskompetenz und feiern sich als Helden. Dies könnte leicht der Startpunkt einer neuen Todesspirale werden. Möglicherweise vergessen sie, dass sie persönlich dafür verantwortlich sind, das Unternehmen überhaupt erst in so eine gefährliche Schieflage gebracht und darüber eine Menge Unternehmenswert zerstört zu haben. Etwas anderes, das in einer solchen Situation üblicherweise in Vergessenheit gerät, ist die Tatsache, dass die Überwindung der Todesspirale das Ergebnis der harten Arbeit und manchmal auch der Opfer seitens der Belegschaft ist.

Die Ego-Falle

„I am the greatest – Ich bin der Größte", dachte nicht nur Mohammad Ali einst über sich selbst. Viele Manager/-innen glauben ebenfalls, außergewöhnlich und mit speziellen Talenten begnadet zu sein. Gefangen in ihrem eigenen Ich (Ego), stellen sie ihre eigene Person über alles. Als Ergebnis einer verzerrten Wahrnehmung der sie umgebenden Realität übersteigt ihr Eigenbild oft ihre wahren Fähigkeiten und Errungenschaften.

Brauchen Manager/-innen denn ein großes Ego, um erfolgreich zu sein? Manchmal hilft ein großes Ego überhaupt erst, in eine Führungsposition zu kommen. Es ist jedoch nicht unabdingbar. Beharrlichkeit, Fleiß und das gesunde Vertrauen in die eigenen Fähigkeiten sind wertvollere Qualitäten und bessere Voraussetzungen für beruflichen Erfolg. Obwohl es manchmal etwas länger dauern kann, führt eine auf wahren Werten aufgebaute Managerkarriere zu höherer beruflicher Anerkennung und persönlicher Genugtuung. Zu beurteilen, was eine erfolgreiche Managerkarriere ausmacht, erfordert festzulegen, was Erfolg in diesem Zusammenhang überhaupt bedeutet. Viele Manager/innen definieren Erfolg, als schnellst- und höchstmöglich in der Unternehmenshierarchie aufzusteigen. Für sie sind das Vermächtnis, das sie in den einzelnen Positionen hinterlassen, und der von ihnen generierte Unternehmensmehrwert nebensächlich. Alles geht nur um die eigene Person. Unglücklicherweise fördert die heutige Unternehmenskultur solche Individuen. Viele Unternehmen schicken ihre potenziellen zukünftigen Führungskräfte in Assessment-Center, um da ihre Eignung für eine

Managerkarriere zu prüfen. In diesen üblicherweise mehrere Tage dauernden Veranstaltungen schaffen Auditoren ein künstliches Geschäftsumfeld, in dem die Kandidaten/-innen mit unterschiedlichen Geschäftsszenarien konfrontiert werden. Ihr Verhalten und ihre Reaktionen werden als zuverlässige Indizien für ihre Eignung als Führungskräfte erachtet. Basierend auf dem Konzept „Wir können nur das, was wir sehen, bewerten", bevorteilen Assessment-Center jene Kandidaten/-innen, die es schaffen, die höchste Sichtbarkeit in dieser kurzen Zeit zu erreichen. Grundlegende Werte, wie ein guter Charakter, Beharrlichkeit, Ehrlichkeit und Loyalität, können in diesen Veranstaltungen nicht sichtbar gemacht werden. Ein weiterer Grund, warum hier nicht unbedingt die besten Leute selektiert werden können, ist die Tatsache, dass alle Anwesenden nur eine aufgesetzte Rolle spielen und das zu zeigen versuchen, was nach ihrer Einschätzung die Auditoren sehen möchten. Am Beratungsmarkt werden spezielle Kurse angeboten, die Kandidaten/-innen für solche Tests vorbereiten sollen. Diejenigen, die das Rennen um das Flipchart gewinnen, sind am meisten erfolgreich. Im wahren Geschäftsleben lassen jedoch gute Manager/-innen eher ihre Mitarbeitenden die Ergebnisse ihrer Arbeit vorstellen, als selbst im Rampenlicht zu stehen.

Wahre Führungspersönlichkeiten definieren Erfolg anhand des unternehmerischen Mehrwerts, den sie gemeinsam mit ihren Mitarbeitenden schaffen. Sie empfinden ihre Position nicht als etwas, das ihnen aufgrund ihrer außerordentlichen Fähigkeiten geschuldet ist. Vielmehr sehen sie ihre Führungsrolle als ein Privileg und stellen sich ohne Wenn und Aber in den Dienst ihres Unternehmens. Es ist für sie von großer Bedeutung, was ihre Leute über sie denken. Anstatt alle mit ihrer Anwesenheit zu erdrücken, schaffen sie für ihre Mitarbeitenden ein berufliches Umfeld, in dem das Geschäft und nicht die eigene Person im

Der Chemische Faktor

Vordergrund steht und in dem jeder kreativ seine persönlichen Fähigkeiten bestmöglich entfalten kann. Solche Persönlichkeiten verströmen Souveränität, Selbstvertrauen, Authentizität und Vertrauenswürdigkeit auf eine natürliche Weise, die manchmal schwer zu erklären ist. Sie sind einfach da.

Ein übertriebenes Ego steht in krassem Gegensatz zu solchen Managern/-innen. Es würde sie daran hindern, die Leistung und den Erfolg ihrer Mitarbeitenden, einzeln und im Team, anzuerkennen und zu würdigen. Es würde sie verleiten, die Präsenz starker und talentierter Mitarbeiter/-innen in ihrer Organisation als Bedrohung und nicht als eine Gabe zu betrachten.

Was landläufig ein ‚Großes Ego' genannt wird, definiert die Psychologie als Egotismus. Mit diesem Begriff umschrieb der englische Essayist Joseph Addison im Jahr 1714 den überzogenen Gebrauch des Ich-Pronomens und die egozentrische Eigendarstellung mancher seiner Zeitgenossen. Egotismus heißt, hinsichtlich der eigenen Person nur positive Eigenschaften zu erkennen und eigene Leistungen überschwänglich und übertrieben darzustellen.[1]

Es erscheint also richtig, Führungspersonen mit so einem Persönlichkeitsprofil als **Ego-Manager/-innen** zu bezeichnen.

Moderater Egotismus ist nicht ungewöhnlich und kann manchmal privat wie im Geschäft für die eigene Person nützlich sein, ohne anderen Menschen zu schaden.

---

[1] *Joseph Addison, weekly papers on Paradise Lost (John Milton)/Wikipedia*

Der Chemische Faktor

Egotismus kann helfen, die lähmenden Auswirkungen von Selbstzweifel zu überwinden, kann motivieren, schwierige und anspruchsvolle Unterfangen in Angriff zu nehmen, und kann die Scham vor persönlichem Versagen reduzieren.[2]

Der Begriff wird heute allerdings meistens in seiner negativen Couleur verwendet. Exzessiver Egotismus ist ein aversives Verhalten. Offensichtlich ist diese Chemie Gift für jedes Umfeld, auch im Beruf. Es negiert die Essenz einer jeden Organisation und reduziert diese auf die Entourage der Ego-Manager/-innen. Mitarbeitende, die bereit sind, diese Rolle zu spielen, werden bevorzugt behandelt. Diejenigen, die darauf bestehen, eine eigene Meinung zu haben und auf eigene Initiative zu handeln, werden mit Argwohn betrachtet. Mit der Zeit umgeben sich Ego-Manager/-innen mit einer Gruppe serviler Mitläufer, die einzig und allein darauf bedacht sind, die Rolle ihrer Chefs/-innen zu unterstützen und ihre eigene Position zu festigen. Diese Leute werden sich in einen Wettstreit um die Gunst ihrer Vorgesetzten begeben. Jeder möchte des Bosses Liebling werden. Diejenigen, welche der/die Ego-Manager/-in als ‚loyal' erachtet, werden gefällig behandelt. Sie erhalten höhere Löhne und mehr Handlungsfreiheit in weniger wichtigen Angelegenheiten und erfahren mehr Toleranz, was eigene Fehler anbelangt. Dieses kuriose Gebilde, das stark an einen mittelalterlichen Königshof erinnert, lähmt jegliche Weiterentwicklung und hindert gute Mitarbeiter/-innen daran, ihre beruflichen Ziele zu verwirklichen. Gelegentlich akzeptieren solche Vorgesetzte die Präsenz von Mitarbeitenden mit außerordentlichen Talenten und Fähigkeiten in ihrer Organisation, besonders im Fall von Fachexperten/-innen, die in der Lage sind, auch die schwierigsten Probleme zu lösen.

---

[2] *Anthony G. Greenwald (1980)*

Der Chemische Faktor

Anstatt jedoch ihren wertvollen Beitrag zum Geschäftserfolg zu würdigen, betrachten Ego-Manager/-innen sie eher als persönliche Trophäen, die sie in die Schlacht werfen können, wenn es irgendwo klemmt. „Ich schicke meinen besten Mann", ist eher die Selbstbestätigung der eigenen Managementkunst als die Anerkennung des Könnens des besten Mannes.

Arroganz und Überheblichkeit sind zwei weitere toxische Facetten von Ego-Managern/-innen. Sich selbst für unfehlbar haltend, treffen sie oft willkürliche Entscheidungen, ohne ihre Mitarbeitenden zu Rate zu ziehen. „Jeder ist frei, seine eigene Meinung zu haben (solang er sie für sich behält), doch wehe jemand widerspricht meinen Entscheidungen", widerspiegelt ihre verzerrte Wahrnehmung der Rolle einer Organisation. Auch wenn respektlos und verletzend, akzeptieren viele Untergeordnete dieses Verhalten, um ihr persönliches Wohlergehen zu sichern. Diejenigen, die sich weigern, dies zu tun, werden auf ein stillgelegtes Gleis ausrangiert oder werden gezwungen, die Organisation zu verlassen.

Weil sie sich überlegen fühlen, reagieren Ego-Manager/-innen meistens negativ auf Kritik aus ihrem Umfeld. Sie nehmen Kritik oft persönlich und betrachten Kritiker als Feinde. Gelegentlich nehmen sie moderate Kritik als Kompliment. Sie schmeichelt ihnen. „Ich habe es immer gehasst, perfekt zu sein, welch ein Privileg auch mal Schwäche zeigen zu dürfen." Aus diesem Grund sehen Ego-Manager/-innen keinen Anlass, an ihrem persönlichen Profil zu arbeiten, und bleiben in ihrem Habitus gefangen.

Individuen, die von ihrem eigenen Ego getrieben werden, harmonieren meistens gut mit anderen Menschen, wenn die Beziehung eindeutig und unmissverständlich ist: Vorgesetzte oder Untergeordnete. Sie kommen mit Letzteren meistens gut aus, wenn diese in die richtige Kategorie fallen und ihre zugewiesene Rolle akzeptieren. Sie kommen auch meistens mit ihren Vorgesetzten gut zurecht, vornehmlich dann, wenn ihnen eine Übernahme deren Position als ein zu gewagtes Unterfangen erscheint. Interaktion auf der gleichen Ebene endet im Fall von Ego-Managern/-innen meistens im Desaster. Diese Individuen können andere Leute auf Augenhöhe einfach nicht akzeptieren. Anstatt zusammen auf ein gemeinsames Ziel hinzuarbeiten, verschwenden sie ihre meiste Energie darauf, andere zu unterwerfen und die Gunst ihrer Vorgesetzten zu erschleichen. Solche internen Kämpfe können oft beobachtet werden, wenn Kompetenzen und Geschäftsmandate in Unternehmen neu verteilt werden.

Die meisten Ego-Manager/-innen betrachten sich selbst als den Erfolgsfaktor Nummer 1 ihrer Organisation. Dies kann im Fall von kleinen in Privatbesitz befindlichen Unternehmen zutreffen, wo eine Person den/die Eigentümer/-in, den Boss und das Geschäft selbst darstellt und wo alle anderen Mitarbeitenden einfache Gehilfen sind. Es trifft auch im Fall außerordentlich begabter Individuen zu, die mit ihren fortschrittlichen Ideen und Visionen neue Unternehmen geschaffen und ganze Wirtschaftszweige revolutioniert haben. Ohne diese Personen gäbe es diese Unternehmen gar nicht. Für die meisten größeren Organisationen ist der Erfolg das Ergebnis einer kollektiven Anstrengung aller Mitarbeitenden. Natürlich spielen Manager-entscheidungen eine große Rolle, jedoch sind Scheitern und insbesondere Erfolg schwieriger zu individualisieren. Wie Supertanker haben Großunternehmen eine hohe Massenträgheit, die sie auch in stürmischer See auf Kurs hält und gegenüber einzelnen Geschäftsentscheidungen unempfindlicher macht. Deshalb müssen all jene, die in einem solchen Unternehmen Erfolg für sich selbst beanspruchen, argwöhnisch betrachtet werden.

Sicherlich müssen Manager/-innen an der Spitze großer Unternehmen eine gewisse Aura ausstrahlen. Sie müssen ihren Mitarbeitenden all das geben, was diese brauchen, um die Gewissheit zu erlangen, der richtigen Person zu folgen. Es ist diese spezielle Mixtur aus gleichzeitiger Nähe und Distanz, die große Führungspersönlichkeiten so einzigartig macht und ihnen einen besonderen Platz in der Firmengeschichte sichert.

Egotische Personen werden nie eine positive Aura ausstrahlen und nie einen positiven Mitnahmeeffekt auf ihre Mitarbeitenden entwickeln können. Wenn sie die Organisation schließlich verlassen, sind Erleichterung und das Gefühl verlorener Zeit und vergebener Chancen ihre einzige Hinterlassenschaft.

Aus all diesen Gründen sind Ego-Manager/-innen ein erhebliches Geschäftsrisiko für ihre Unternehmen. Allzu oft haben solche Personen ursprünglich florierende Geschäfte in Schwierigkeiten gebracht oder zugrunde gerichtet. Es ist befremdlich zu sehen, dass es solchen Leuten immer wieder gelingt, ihr Umfeld zu blenden und es auf der Karriereleiter hoch hinaus bis in die Spitze von Unternehmen zu schaffen. Solche Manager/-innen zu entlarven und ihnen nicht zu erlauben, ihre garstigen Spiele zu spielen, sollte in jeder Unternehmenskultur fest verankert sein.

Führungspersonen haben einen maßgeblichen Einfluss auf die Karrieren ihrer Mitarbeiter/-innen. Gute Manager/-innen schaffen es, das gesamte kreative Potenzial ihrer Mitarbeitenden zur Entfaltung zu bringen und diese zu unterstützen, selbst einmal gute Führungskräfte zu werden. Sie werden ihr Möglichstes tun, um den Interessen des Geschäfts sowie den Bedürfnissen ihrer

Der Chemische Faktor

Leute ausgewogen Rechnung zu tragen. Schlechte Manager/-innen ersticken ihre Mitarbeitenden und hindern sie daran, das zu erreichen, was sie erreichen könnten.

Deshalb, wenn immer möglich, sollten Menschen ihre Manager/-innen sorgfältig aussuchen. Diejenigen, die eine Fahrkarte in Richtung eines komfortablen Berufslebens mit wenig Aufwand suchen, sind mit einem/einer Ego-Manager/-in gut bedient. Menschen, die ein Umfeld bevorzugen, das es ihnen ermöglicht, ihre Talente auszuschöpfen und ihre beruflichen Ziele zu verwirklichen, sollten sich für Vorgesetzte mit kollaborativem Führungsstil, für die der Geschäftserfolg und nicht die eigene Person im Vordergrund steht, entscheiden.

Die Werte-Chimäre

Unternehmenswerte sind heute sehr in Mode. Unternehmens-Webseiten und Geschäftsberichte bieten umfangreiche Information darüber, welche Werte ein Unternehmen teilt. Fast ausnahmslos liegt die Unternehmensverantwortung an der Spitze dieser Werteliste. Verantwortung gegenüber der Gesellschaft, den Mitarbeitenden, den Anteilseignern, der Umwelt und so weiter. Verantwortung für alles und gegenüber jedem. Diese Flut an allgemeinen Unternehmenswerten verwässert den Fokus auf wahre Werte, die den Mitarbeitenden als Richtlinie für ihre berufliche Einstellung und für ihr individuelles Handeln dienen können.

Die kürzlich im Bankenwesen und in verschiedenen Industriebereichen aufgetretenen Skandale, wie zum Beispiel in der Automobilindustrie, erfordern eine kritische Auseinandersetzung mit den Wertekampagnen der meisten Unternehmen. Die Vernichtung eines so unglaublich hohen Wertes und Ansehens eines Unternehmens in einer so kurzen Zeit ist Hochverrat an allen an ihm beteiligten Interessengruppen. Wenn all die Werte, welche diese Unternehmen anpreisen, und all ihre Verantwortungsbekundungen eine tiefere Bedeutung hätten, wären solche Fehlentwicklungen nicht möglich. Können diese Vorkommnisse als Einzelfälle betrachtet werden? Es gibt gute Gründe, dass sie es nicht sind.

Mit dem Aufschwung des Internets und dem wachsenden öffentliche Interesse hat in der Geschäftswelt ein wahrer

Der Chemische Faktor

Wettbewerb um die hippsten Unternehmenswerte begonnen. Unternehmensverantwortung (Corporate Responsibility) ist zu einem formellen strukturellen und organisatorischen Bestandteil der Unternehmen geworden, über das spezielle Abteilungen und dafür speziell ausgebildete Mitarbeitende wachen. Seit geraumer Zeit erhalten alle Mitarbeitenden regelmäßig umfangreiche Information über die Werte, die sie teilen sollen. So das Erwarten. Mit jeder Beförderung oder Versetzung in einen anderen Bereich werden diese Werte und der Appell, sie zu befolgen, eindringlich aufgefrischt. Folglich kann angenommen werden, dass alle Beschäftigten im Unternehmen diese Werte ausreichend gut kennen und verstehen, um sie zu teilen und im beruflichen Alltag danach zu handeln.

Nun, tun sie das?

Nehmen wir für einen Augenblick an, sie täten es. Nehmen wir an, die überwiegende Mehrheit der Mitarbeitenden würde diese Werte teilen und sich verpflichtet fühlen, danach zu handeln. In diesem Fall jedoch wären Fehlleitungen wie in den aktuellen Dieselfahrzeug-Abgasskandalen unerklärbar. Alle in diese Machenschaften verwickelten Unternehmen deklarieren deren Verantwortung für die Umwelt, für ihre Produkte, gegenüber der Gesellschaft und gegenüber ihren Mitarbeitenden als die Kernwerte ihrer Identität. Fahrzeuge jedoch, welche die angegebenen Emissionswerte deutlich überschreiten und möglicherweise noch gegen verbindliche Normen verstoßen, sind mit keinem der obigen Werte in Einklang zu bringen. Könnte Nachlässigkeit als Grund dieses Debakels dienen, wäre alles nicht so schlimm. Verbesserte Prozesse, zusätzliche Prüfungen und strengere Kontrollen wären in diesem Fall adäquate Mittel, um eine Wiederholung solcher Verfehlungen nachhaltig zu vermeiden. Bedauerlicherweise kann Nachlässigkeit in diesem Fall

Der Chemische Faktor

nicht als Ursache geltend gemacht werden. Willentliches Fehlverhalten, sorgfältig geplant und getarnt, und grobe Fahrläs-
sigkeit waren die wahren Gründe. Über richtig oder falsch an
dieser Stelle zu diskutieren, wäre vergeudete Mühe. Es gibt
genügend Anwaltskanzleien, Regierungsstellen und die Presse,
die sich damit bereits eingehend befassen. Deshalb steht im
Folgenden die Nachhaltigkeit der aktuell praktizierten Wertekampagnen von Unternehmen im Vordergrund.

Im Bewusstsein ihrer Verantwortung gegenüber der Umwelt,
der Gesellschaft und für die hergestellten Erzeugnisse, warum
sollten Motoreningenieure ihre ganze Kreativität der Entwicklung eines Produkts widmen, das alle Wertevorstellungen des
Unternehmens verrät? Es schadet der Umwelt aufgrund zu
hoher Emissionen, betrügt die Gesellschaft angesichts unrecht-
mäßig vermiedener Abgassteuern, prellt Anteilseigner durch
Verlust des Unternehmenswerts und gefährdet die Arbeitssi-
cherheit der Belegschaft. Darüber hinaus widerspricht es dem
Umweltbewusstsein der Kunden/-innen und gefährdet ihre
Mobilität aufgrund eventueller Fahrverbote in den Innenstädten.

Da das Verhalten der Mitarbeitenden vornehmlich durch andere
Faktoren als die üblicherweise zur Schau gestellten Werte vieler
Unternehmen geprägt ist, wird solches Fehlverhalten auch in
Zukunft immer wieder zu beklagen sein – solange sich die
Wertekultur in den Unternehmen nicht ändert. Dies ist ein Phä-
nomen, das in allen Wirtschaftszweigen beobachtet werden
kann. Der Verkauf von Hochrisiko-Finanzprodukten an ältere
Leute zur Absicherung ihres Ruhestands oder die fahrlässige
Vergabe von Darlehen an Kunden, die sich diese eigentlich nicht
leisten können, sind nur einige weitere Beispiele aus der
Bankenwelt für Situationen, in denen Angestellte die Werte des
Unternehmens mit Füßen treten. Mit Aussicht auf immense Boni

Der Chemische Faktor

und schnellen beruflichen Aufstieg oder angesichts drohenden Jobverlusts geraten Unternehmenswerte zur Nebensache, zu etwas Fernem und Obskurem. Sie sind formell zwar präsent, aber sie leiten das individuelle Handeln nicht. Aus diesem Grund sind die meisten Wertekampagnen reine Zeit-, Geld- und Ressourcenverschwendung. Sie ändern das Verhalten der Mitarbeitenden nicht und generieren auch keinen anderen Mehrwert. Einige kleinere (oft in Familienbesitz befindliche) Unternehmen können da eine Ausnahme sein. In manchen dieser Betriebe wurden ideelle Werte über viele Jahre aufgebaut und in den Herzen der Eigentümer und der Belegschaft über Generationen bewahrt und geschützt.

In den meisten größeren Unternehmen werden deren Werte von dedizierten Spezialisten in den Stabsabteilungen per Design erstellt. Diese Fachleute, meist Personen mit ähnlichen Ausbildungsprofilen, gesellschaftlichen Ansichten und beruflichen Neigungen, bauen das Werteschema eines Unternehmens mit Hilfe von Baukästen. Deshalb klingen auch alle Wertebekundungen der Unternehmen gleich – zentriert auf Korrektheit und Verantwortung für alles und gegenüber jedem. Sie muten akademisch und kompliziert an, ermöglichen keine Differenzierung und bieten keine Entscheidungshilfe für Mitarbeitende, Kunden oder Aktionäre.

Ein bedeutendes deutsches Unternehmen führte einst eine erfolgreiche Wertekampagne in der Folge eines großen Korruptionsskandals. Unweigerlich beinhaltete diese Kampagne auch wertbezogene Argumente wie Verantwortung, Ehrlichkeit und Integrität, die (nebenbei erwähnt) schon lange bevor eingeführt worden waren. Was aber das Verhalten der gesamten Belegschaft, auch der Führungskräfte, wirklich veränderte, war die einfache Botschaft: „Jeder Fall schwerwiegenden Fehlverhaltens führt zur sofortigen Entlassung." Bum! „Sie werden sich persönlich vor dem Gesetz verantworten müssen, und wir werden Sie nicht länger unterstützen." Bum! „Ihre Freiheit und Ihr persönliches Vermögen stehen auf dem Spiel." Bum! Die Botschaft ging wie eine Schockwelle durch das Unternehmen und erschreckte alle bis ins Mark. Es wurden umfangreiche zusätzliche Kontrollen und Regeln zur Vermeidung und frühen Aufdeckung beruflichen Fehlverhaltens eingeführt. Die Verhaltensrichtlinien wurden überarbeitet und an alle Mitarbeitenden neu verteilt. Den wichtigsten Unterschied machte jedoch die stete Wiederholung der gleichen Botschaft aus: „Wenn Du Mist baust, stehst Du alleine da!" Bis sie schließlich in den Köpfen der Belegschaft fest verdrahtet war. Nach einigen Jahren führte das Unternehmen sämtliche wichtigen internationalen Integritätsrankings an.

Die Folgerung, die aus diesem Beispiel gezogen werden kann, ist offensichtlich, wenn auch enttäuschend. Viele Mitarbeiter/-innen kümmern sich nicht wirklich um die in den Wertekampagnen beworben Unternehmenswerte. Sie empfinden sie als künstlich und als pflichtigen Schnickschnack. In Abwesenheit persönlicher Konsequenzen wählen die meisten den leichtesten Weg zum eigenen Vorteil.

Wie kann also eine nachhaltige Unternehmenskultur geschaffen werden, in der das individuelle Handeln der Mitarbeitenden von Werten geleitet wird? Ein erster Schritt wäre zu erkennen, dass eine Unternehmenskultur nicht durch ein formelles Werteschema, sondern durch den individuellen Glauben aller Mitarbeitenden, deren Verhalten und deren Ziele geformt wird. Hierbei wäre es sinnvoll zu beachten, dass individuelles Handeln durch folgende Faktoren (meist in der aufgeführten Reihenfolge) beeinflusst wird:

Der Chemische Faktor

(1) Angst vor persönlichen Konsequenzen, zum Beispiel als Folge beruflichen Fehlverhaltens; (2) Anreize durch Beförderung, Gehaltserhöhungen und Boni; (3) persönliche Motivation aufgrund von Erziehung und Ausbildung, der eigenen Moralvorstellungen und insbesondere aufgrund der persönlichen Bindung zum Unternehmen. Diese drei Faktoren treffen auf die meisten Menschen im Unternehmen zu, auch wenn für mache die Reihenfolge eine andere sein mag.

Deshalb sollte das Schmieden einer positiven Unternehmenskultur all diese Faktoren berücksichtigen, jedoch sollte die Reihenfolge umgekehrt werden. Das Fördern der persönlichen Motivation der Mitarbeitenden und das Schaffen eines Arbeitsklimas, das die persönliche Verantwortung in den Vordergrund stellt, sind diesbezüglich die beiden wichtigsten Bausteine.

Unterschiedliche Menschen finden unterschiedliche Dinge motivierend. Manche werden durch eine inspirierende Vision oder Mission motiviert. Die meisten schöpfen ihre Motivation aus eher traditionellen Werten, wie zum Beispiel einer fairen und respektvollen Behandlung, einer ehrlichen Entlohnung und dem Stolz auf die Unternehmenstradition und auf das Herstellen sinnvoller Erzeugnisse.

Mitarbeiter/-innen, die ehrlicherweise willens sind, das Unternehmensvermächtnis zu schützen und weiter zu entwickeln, sind besonders wertvoll. Solche Menschen lassen sich nicht in böse Spiele wie Betrug oder Korruption hineinziehen. Bedauerlicherweise fördern gegenwärtige Managementstile solche Menschen nicht, indem sie Traditionen zunehmend ignorieren und den persönlichen Goodwill, den sich die Mitarbeitenden über Jahre hinweg aufgebaut haben, nicht honorieren. Auf seinen letzten Fehler reduziert zu werden, ist nicht wirklich motivierend.

Der Wert von Traditionen für die Unternehmen ist enorm. Traditionen verbinden Menschen und geben ihnen das Gefühl, Teil einer größeren Erfolgsgeschichte zu sein. Dennoch werden Traditionen oft vernachlässigt, weil viele Unternehmen ihren Wert nicht erkennen oder den zu deren Aufrechterhaltung erforderlichen Aufwand scheuen.

Als junger Ingenieur war ich in der zentralen Serviceabteilung für Industrierechner eines Großunternehmens tätig. Wenn Probleme mit diesen Geräten auftraten, bildeten wir die dritte, und somit letzte, Service-Eskalationsstufe. Wäre einer von uns bei der Lösung eines solchen Problems gescheitert, wären die Folgen für unsere Kunden aber auch für unser eignes Unternehmen sicher schwerwiegend gewesen. Die meiste Zeit reisten wir von einer Anlage zu der nächsten und sahen unsere Kollegen oft monatelang nicht. Aber einmal im Jahr trafen wir uns alle zu unserer Ingenieurstagung, welche immer kurz vor Weihnachten in unserem Stammhaus stattfand. Die Firma erwartete, dass alle, die nicht gerade auf einer Kundenanlage unabkömmlich waren, an diesem wichtigen Event teilnahmen. Reisekosten spielten diesbezüglich keine Rolle. Tagsüber präsentierten wir unsere Projekte und tauschten unsere Erfahrungen aus. Am Abend trafen wir uns dann alle im festlich dekorierten Betriebskasino zum Gala-Diner. In festlicher Atmosphäre genossen wir ein ausgezeichnetes Menu sowie erlesene Weine aus der Region. Das Unternehmen verlangte uns über das Jahr zwar viel ab, doch wir konnten sehen, dass wir ihm etwas bedeuteten und dass es sich um uns kümmerte. Dies war unser Abend, und ihn

Der Chemische Faktor

zu verpassen, war keine Option. Wir fühlten uns wie die ‚Delta Force' des Unternehmens, bereit uns jeder Herausforderung zu stellen. Heute noch behalte ich unsere Ingenieurstagung in guter Erinnerung. Sie gab mir das Gefühl, Teil eines etwas ganz Besonderen gewesen zu sein, das mich immer noch mit Stolz erfüllt.

Um eine auf den Unternehmenserfolg gerichtete persönliche Motivation zu empfinden, müssen die Mitarbeitenden an ihr Unternehmen und ihre Manager/-innen glauben können. Weil diese Art von Motivation im Herzen getragen wird, übertrumpft sie alle anderen Anreize. Sie ist aber auch schwerer aufzubauen und aufrecht zu erhalten.

Sicherzustellen, dass Mitarbeitende persönliche Verantwortung übernehmen, ist genauso wichtig und ebenfalls schwierig. Das größte Hindernis in dieser Hinsicht ist die Sozialisierung von Verantwortung. Diese Unart kann besonderes oft in größeren Unternehmen beobachtet werden. Meetings und Workshops sind perfekte Instrumente, um persönliche Verantwortung zu verwässern. Für die meisten Menschen verliert ein Problem seine Kritikalität, wenn es mit anderen geteilt werden kann. Sobald es an ihre Manager/-innen kommuniziert ist und diese mit im Boot sitzen, wird ein Problem plötzlich zum Problem aller. Dieses Phänomen ist durch alle Unternehmensebenen hindurch präsent. Ein weiterer häufig angewandter Kunstgriff, um Verantwortung zumindest in Teilen weiter zu delegieren, ist das Bestellen externer Berater. Wenn jedoch Verantwortung nicht personalisiert werden kann, ist sie wertlos. Kollektive Verantwortung ist ein vager Begriff. Wessen Köpfen rollen, wenn das Unternehmen versagt? So wie in den kürzlich aufgetretenen

Der Chemische Faktor

Debakel in der Automobilindustrie und im Bankenwesen waren schmerzliche Strafzahlungen seitens der Unternehmen die einzige nennenswerte Konsequenz. Diese Ausgaben gingen in die Unternehmensbücher, und alle waren mehr oder minder wohlauf; außer den Anteilseignern, die einen massiven Wertverlust ihrer Beteiligungen zu beklagen hatten, und den Kunden, die auf einem schlechten Produkt sitzen blieben. Nur in einigen wenigen Fällen, in denen Manager/-innen nicht nur die Werte ihres Unternehmens verraten, sondern auch gegen das Gesetz verstoßen haben, gab es drastischere individuelle Konsequenzen. Missmanagement wird häufig toleriert, und es braucht manchmal Jahre, bis Verantwortliche schließlich gefeuert werden. Wären Manager/-innen verpflichtet, eine persönliche (Geld)Einlage, zum Beispiel ein Jahreseinkommen, als Garantie für die Integrität ihrer Entscheidungen zu leisten, würde sich die Lage dramatisch verbessern. Warum scheuen sich Unternehmen eigentlich, so etwas einzuführen?

Oft ist die Verweigerung der Vorgesetzten, ein NEIN seitens ihrer Untergeordneten zu akzeptieren, der Startpunkt schlechter Geschäftspraktiken. „Ich akzeptiere keinen Widerspruch!", bekommen Mitarbeitende von ihren Führungskräften manchmal zu hören. Häufig werden sie mit einem ernsthaften Problem allein gelassen, wie mit einem Geschäftsziel, das ihnen unmöglich erscheint, oder mit einem technischen Problem, für das sie keine Lösung finden. In einer solchen Situation lassen sich Menschen manchmal zu törichten Dingen verleiten. Bei der Aufarbeitung eines Skandals versuchen Manager/-innen leider allzu oft ihre Hände reinzuwaschen, indem sie behaupten: „Wir wussten von nichts!" Abgesehen von der Tatsache, dass es ihre Aufgabe ist zu wissen, was in ihrem Bereich vor sich geht, ist der Versuch, sich hinter den eigenen Mitarbeitenden zu verstecken, einfach ekelhaft.

Der Chemische Faktor

Falsche Geschäftsentscheidungen zu treffen, kann den Job kosten. Das Gesetz zu brechen, kostet die Freiheit. In komplexen Geschäftssituationen, in denen technische, vertragliche, rechtliche, soziale und unternehmerische Aspekte in Betracht gezogen und gegeneinander abgewogen werden müssen, wird die Entscheidungsfindung oft zu einem Gang auf einem sehr schmalen Grat. Deshalb ist in vielen engen Geschäftsentscheidungen rechtliche Beratung sehr wichtig. Die Grenzen des Erlaubten auszuloten, könnte zwar manchmal aus moralischem Standpunkt fraglich erscheinen, jedoch aus geschäftlicher Sicht unabdingbar sein. Das Bestreben, die Reputation des Unternehmens zu schützen und dessen Traditionen und Vermächtnis zu bewahren, hilft in so einer Situation oft, die richtige Balance zu finden.

Politiker müssen sich ebenfalls Tadel gefallen lassen. Verantwortung gegenüber der Gesellschaft und der Umwelt ist nicht die primäre Verpflichtung von Unternehmen. Auch wenn diese Behauptung provozierend erscheinen mag, so wird sie dennoch durch die Praxis immer wieder belegt. Unternehmen sind ein Wirtschaftsgut, das Gewinn produzieren und daher etwas herstellen muss, das Kunden wollen. Bei der Erreichung dieser Ziele müssen sie sich innerhalb gesetzlicher Vorgaben bewegen. Dort, wo korrupte Regierungen, inkompetente Politiker und mangelhafte Exekutive es nicht schaffen, diese Grenzen zu setzten und schmerzliche Sanktionen bei deren Übertretung zu verhängen, wäre es töricht zu erwarten, dass Unternehmen sich freiwillig zurücknehmen.

Im deutschen Diesel-Skandal haben Manager/-innen schwammige von amtlichen Stellen festgelegte Homologationsrichtlinien zu ihren Gunsten ausgelegt. Um es gefällig zu formulieren. Das

Der Chemische Faktor

Gleiche gilt auch für viele schlechte Praktiken im Bankenwesen. Viele Finanzprodukte von fraglichem Kundenwert haben die Freigabe der Finanzbehörden erhalten.

Es ist nicht weiter verwunderlich, dass Unternehmen versuchen, solche Steilvorlagen zu ihrem eigenen Vorteil zu nutzen. Der kreative Umgang im Rahmen des Erlaubten mit technischen, rechtlichen und anderen Vorgaben ist oft eine Frage des geschäftlichen Überlebens, auch deshalb, weil nicht davon auszugehen ist, dass die Wettbewerber nicht genauso handeln. Es ist zum Beispiel erstaunlich, dass Kartellabsprachen in Deutschland keine Straftat darstellen und an solchen Praktiken beteiligte Unternehmen außer Geldbußen nichts zu befürchten haben. In den meisten konkreten Fällen waren diese Strafzahlungen deutlich geringer als die zusätzlichen Gewinne, welche die beteiligten Unternehmen durch unerlaubte Absprachen erwirtschaftet haben. Der Schaden, den Kunden zu beklagen hatten, war nie ein großes Thema.

Um ihre Geschäftskultur zu verbessern, müssen Unternehmen ihre aktuellen Ansätze überdenken. Folgende Faktoren sollten diesbezüglich einen positiven Einfluss haben:

→ Ein auf Respekt und Fairness begründeter transparenter und kollaborativer Führungsstil

→ Fokussierung auf grundlegende Unternehmenswerte wie der Kundennutzen, die langfristige Nachhaltigkeit des Geschäfts, die Unternehmenstradition und dessen Vermächtnis

→ Implementierung eines Systems persönlicher Verantwortung speziell auf Managementebene

Der Chemische Faktor

➜ Null-Toleranz gegenüber unrechtmäßigen Aktivitäten und professionellem Fehlverhalten

Unternehmen sollten solche Werte in den Vordergrund stellen, die für alle Interessengruppen – Kunden, Anteilseigner und Mitarbeitende – eine wahre Bedeutung haben. Kunden sollten darauf vertrauen können, ein ehrliches und nützliches Produkt zu erhalten. Anteilseigner sollten sich auf den treuhänderischen Umgang mit ihrem Investment verlassen können. Und schließlich sollten die Mitarbeitenden im Unternehmen ihre berufliche Heimat finden können, wo sie ihre Fähigkeiten voll entfalten dürfen und fair für ihren Einsatz belohnt werden.

Alles andere wäre nur unnützer Ballast.

Die Motivations-Matrix

Motivation ist das, was jede Unternehmung antreibt. Menschen tun Dinge oder lassen davon ab aufgrund ihrer persönlichen Motivation. Positive Motivation entfesselt die gesamte Kreativität der Mitarbeitenden und ist für Unternehmen ein wichtiger Erfolgsfaktor. Deshalb ist es überraschend, dass viele Manager/-innen nicht darüber nachdenken, was ihre Mitarbeitenden wirklich motiviert. Aus diesem Grund gelingt es ihnen oft nicht, die besten Personalstrategien zu entwickeln.

Auch wenn man glauben könnte, dass im Geschäft jede Quelle von Motivation erwünscht wäre, müssen manche Arten von Motivation dennoch kritisch hinterfragt werden. Nicht alle sind eine Garantie für langfristigen Geschäftserfolg. Manche Arten von Motivation sind nur von kurzfristiger Relevanz, andere können leicht ins Gegenteil umschlagen. Führungskräfte sollten also einen Teil ihrer Bemühungen darauf lenken zu verstehen, was ihre Leute wirklich antreibt. Bezüglich der Mitglieder ihres Kernteams, der wichtigsten Leistungsträger und der Inhaber/-innen von Schlüsselpositionen in ihrer Organisation ist das Wissen der Vorgesetzten über die individuelle Motivation ihrer Mitarbeitenden von besonderer Bedeutung. Je höher Personen in der Unternehmenshierarchie stehen, umso wichtiger ist es für ihre Manager/-innen zu wissen, was sie antreibt.

Im Geschäftsleben sind folgende Quellen von Motivation am häufigsten vorzufinden:

Der Chemische Faktor

Angst ist eine unserer Grundemotionen und für viele Menschen (leider) die stärkste Motivationsquelle. In früheren Zeiten möglicherweise für das Überleben in der Wildnis sehr hilfreich, ist Angst im heutigen Geschäftsleben eine schlechte Quelle von Motivation. Unglücklicherweise kann sie ziemlich oft angetroffen werden. Viele Menschen werden in ihren Jobs von Angst angetrieben: der Angst beruflich zu versagen, der Angst vor ihren Vorgesetzten oder sehr oft der Angst, ihren Job zu verlieren. Diese Art von Motivation kann oft in Zeiten von Umstrukturierungen und Rationalisierungen von Unternehmen beobachtet werden, wenn Mitarbeitende ihre Anstrengungen, aus Angst entlassen zu werden, deutlich erhöhen. Das Schlimmste an der Angst ist, dass sie die Kreativität der Mitarbeitenden hemmt. Angst tötet den unternehmerischen Geist und zwingt alle, dem bekannten und sicheren Pfad zu folgen. In kritischen Situationen kann Angst Menschen kurzfristig zu Höchstleitungen antreiben, sie kann jedoch nicht als Quelle langfristiger Motivation dienen.

Belohnung ist die am weitesten verbreitete Quelle positiver Motivation, auch im Geschäft. Die meisten Menschen lassen sich durch eine Belohnung stimulieren, und die Erwartung einer solchen motiviert sie noch stärker.

Geld ist der trivialste Stimulus für Motivation. Wenn die finanzielle Lage des Unternehmens es zulässt, ist die Belohnung exzellenter Arbeit mit einer zusätzlichen geldwerten Zuwendung sicher eine gute Lösung. Die Wirkung ist jedoch nur kurzfristig. Auch wenn für manche Leute die faire Entlohnung ihrer Arbeit bereits ein ausreichend starker Motivationsfaktor ist, erwarten die meisten eine Gehaltserhöhung oder eine Beförderung, um ihr Engagement aufrecht zu erhalten. Viele wollen nicht verstehen, dass das Abliefern einer guten Leistung Teil ihres

Der Chemische Faktor

Jobs ist und dass ihre beruflichen Anstrengungen bereits mit ihrer Entlohnung abgegolten sind – und es somit nicht angemessen wäre, mehr zu erwarten, ohne den eigenen Wertbeitrag für das Unternehmen zu steigern. Als Stimulus hat Geld eine geringe Halbwertszeit. Nach kurzer Zeit erachten die meisten Menschen eine Gehaltserhöhung als selbstverständlich und warten auf die nächste. Manche Mitarbeiter/-innen haben wenig Verständnis dafür, dass in einer prekären Lage des Unternehmens Geldprämien oder Gehaltserhöhungen nicht gewährt werden können. So eine Einstellung kann in den unteren Unternehmensebenen gegebenenfalls noch akzeptiert werden, im Fall von Führungskräften setzt dies jedoch ein großes Fragezeichen hinter deren berufliches Kredo.

Mitarbeitende zu befördern, um ihre Motivation aufrecht zu erhalten, ist ebenfalls keine gute Taktik. Beförderungen sollten in erster Linie ein Instrument der Unternehmenshygiene sein und nicht als Stimulus missbraucht werden. Sie sollten als Anerkennung der langfristigen Bemühung der Mitarbeitenden für das Unternehmen in Verbindung mit ausgezeichneten Ergebnissen verstanden werden. Leute sollten nur aufgrund ihrer (unter Beweis gestellten) höheren Fähigkeiten und des von ihnen generierten Unternehmensmehrwerts befördert werden. Chancen, leicht befördert zu werden, ziehen Jobhopper an, die permanent auf der Suche nach Möglichkeiten sind, die Karriereleiter durch häufige Jobwechsel möglichst schnell emporzusteigen. Sie bleiben in der Regel nur so lange in einer Position, bis sie genügend Argumente für eine nächste Beförderung gesammelt haben, jedoch nie lange genug, um sich mit den langfristigen Konsequenzen ihres Handelns auseinandersetzten zu müssen. Der Mehrwert solcher Menschen für die Unternehmen ist fragwürdig.

Der Chemische Faktor

Da Unternehmen nicht permanent Gehälter erhöhen oder Mitarbeitende befördern können, sind Belohnungen folglich kein
geeignetes Mittel, um langfristige Motivation sicherzustellen. Im
Gegenteil, Menschen, die an Geldzuwendungen oder Beförderungen gewöhnt werden, verlieren oft ihre Motivation, wenn
diese Stimuli ausbleiben. Wenn Geld oder die Aussicht auf eine
Beförderung die einzigen Motivationsquellen wichtiger Schlüs-
selpersonen sind, sollte sich das Unternehmen rechtzeitig nach
personellen Alternativen umsehen.

Als eine spezielle Art von Belohnung kann Ruhm eine sehr starke
Quelle von Motivation sein. Menschen, die sich durch Ruhm
stimulieren lassen, werden ihre Motivation aufrechterhalten,
solange ihnen erlaubt wird, Helden/-innen zu sein. Der Durst
nach Ruhm und gepriesen zu werden kann Menschen zu außerordentlichen Leistungen beflügeln. Er kann sie aber auch zu
waghalsigen Geschäftsentscheidungen verleiten. Diese Leute
sind harte Arbeiter und verwenden viel Mühe darauf, sich von
der Masse abzusetzen. Deshalb sind sie auch eher zurückhaltend, die Karrieren anderer zu fördern, und gute Teamplayer
sind sie in der Regel auch nicht. Ihre Motivation kann in totalen
Frust umschlagen, wenn sie kritisiert oder mit eigenen Fehlern
konfrontiert werden. Sie tolerieren keine anderen Helden/-innen
um sich und sind stets bedacht, ihre Position zu sichern. Sie
produzieren oft Neid und sind der Harmonie in der Organisation
eher nicht zuträglich. Ihr großes Ego ist oft ihr größter Feind.
Ruhm ist ein kostengünstiger Motivator. Weil es jedoch in einem
Unternehmen nicht zu viele Helden/-innen geben kann, ist er
auf nur wenige Personen beschränkt. Außerordentlich talentierten Mitarbeitenden sollte erlaubt werden zu glänzen, wenn
dies ihre Motivation erhöht und nicht zu Lasten der gesamten
Organisation geht. Ihre Aktivitäten zu kontrollieren ist nicht
einfach, und sie brauchen klare Richtlinien. Eine gute

persönliche Beziehung erleichtert meistens den Umgang mit diesen Mitarbeitenden erheblich.

Das **Geschäftsumfeld** kann ebenfalls eine starke Quelle von Motivation sein und hat mehrere Facetten.

Viele Mitarbeiter/-innen sind stolz auf ihr Unternehmen, lieben es und sind deshalb willens, dafür ihr Bestes zu geben. Ihr Stolz kann zum Beispiel durch die Marke, die Tradition, die Vision, die Produkte oder die Marktposition ihres Unternehmens begründet sein. Auch wenn die Behauptung: „Ich bin stolz, für dieses Unternehmen zu arbeiten", für manche oft nur eine stereotype und nicht immer ehrlich gemeinte Floskel darstellt, bedeutet sie für viele dennoch eine wahre Emotion. Solange sie das Unternehmen fair behandelt, bilden diese Mitarbeitenden ein solides Fundament. Eine schwierige Situation ergibt sich oft, wenn Unternehmensteile ausgegliedert und gegebenenfalls verkauft werden oder wenn durch Zusammenführung unterschiedlicher Geschäftseinheiten eine neue Unternehmensidentität entsteht. In solchen Fällen reagieren diese Leute oft sehr enttäuscht und fühlen sich verraten. Ihre Motivation sinkt auf den Nullpunkt und sie werden alles versuchen, um jegliche Veränderung zu verhindern. Manager/-innen, die für die Durchführung solcher Prozesse verantwortlich sind, unterschätzen diesen menschlichen Faktor oft sträflich.

Ein gutes Team kann ebenfalls ein positiver Motivator sein. Die Zusammenarbeit und der Austausch mit interessanten und talentierten Teammitgliedern, das Teilen von Erfolg und gegebenenfalls auch von Rückschlägen und das Streben nach gemeinsamen Zielen inspirieren oft zu großen Errungenschaften. Die meisten Menschen mögen es, in einem guten Team zu arbeiten. Leute, die sich kennen und gegenseitig vertrauen, zum

Der Chemische Faktor

Beispiel aufgrund eines gemeinsamen Geschäftsverständnisses oder einer gemeinsamen Berufshistorie, harmonieren besser. Teil eines erfolgreichen Teams zu sein, motiviert jeden Einzelnen und beflügelt die Gemeinschaft zu exzellenten Leistungen. Manchmal ist die Versuchung groß, einzelne Mitglieder aus so einer Gemeinschaft herauszunehmen, um schwächere Teams zu verstärken. Unvorbereitet, kann ein solcher Zug in einem Desaster enden und das ganze Kollektiv zerstören. In einer solchen Situation würden sich die Mitarbeitenden dafür bestraft fühlen, einen guten Job gemacht zu haben, und ihre Motivation würde darunter maßgeblich leiden. Auch wenn das Füllen von Löchern, indem man andere Löcher aufreißt, in der Regel eine schlechte Strategie ist, so kann ein solcher Personalwechsel dennoch manchmal sinnvoll sein, zum Beispiel um die Team-Dynamik zu verbessern oder um Mitarbeitern/-innen neue Berufsperspektiven zu eröffnen. Um zu gelingen, müssen solche Maßnahmen sorgfältig durch intensive Teambesprechungen vorbereitet werden. Es wäre ein Fehler zu erwarten, dass Menschen ungeachtet der Umstände einfach nur weiterfunktionieren.

Viele Menschen lieben es, für ihren Chef beziehungsweise ihre Chefin zu arbeiten. Ein charismatischer und empathischer Boss, dem es gelingt, die richtige Chemie zu seinen Mitarbeitenden aufzubauen, kann zum Kristallisationspunkt eines starken und erfolgreichen Teams werden. Für so eine Führungsperson würden die meisten durchs Feuer gehen. Vordergründig kann eine solche Konstellation für das Geschäft sehr vorteilhaft sein, sie kann aber auch schnell in ein Risiko umschlagen, würden diese Vorgesetzten die Firma verlassen wollen. Da viele bereit wären, ihnen zu folgen, könnte dies gegebenenfalls zum Verlust des gesamten Teams führen. Verständlicherweise sind solche Führungspersonen im Fokus der Headhunter und der Wettbewerber.

Der Chemische Faktor

Ebenso wie ein stimulierendes Umfeld Menschen motiviert, kann ein unpassendes berufliches Ambiente demotivieren. Letzteres kann unter anderem das Ergebnis eines ungeeigneten Managementstils, schlechter Team-Dynamik oder inkompatibler Persönlichkeiten sein. Personen, deren Leistung unter solchen Umständen leidet, sollten anstreben, ihren Arbeitsplatz zu wechseln.

Positiv ausgerichtet, ist die persönliche **Überzeugung** die wertvollste Quelle von Motivation. Bedauerlicherweise ist sie ziemlich rar. Nur wenige Menschen werden von ihrem Glauben an die von ihnen geschaffenen Werte und vom innigsten Wunsch, die bestmöglichen Ergebnisse zu erzielen, angetrieben. Sie leisten stetig gute Arbeit, weil sie überzeugt sind, dies ihrem Unternehmen und sich selbst schuldig zu sein. Sie schöpfen ihre berufliche Satisfaktion aus den Ergebnissen ihrer Arbeit. Diese Menschen drängen sich nicht vor und sind eher zurückhaltend in ihren Erwartungen gegenüber der Firma. Deshalb erhalten sie oft nicht die verdiente Aufmerksamkeit oder werden manchmal sogar übersehen – und das obwohl sie die wertvollsten Mitarbeiter/-innen eines Unternehmens sind.

Ordnet man den individuellen Wertbeitrag der einzelnen Mitarbeitenden einer dieser vier Motivations-Kategorien zu, ergeben sich einige interessante Kombinationen. Zu diesem Zweck wird der individuelle Wertbeitrag wie folgt bemessen:

Ungenügend: Der Beitrag dieser Mitarbeitenden liegt unter den Erwartungen des Unternehmens. Mögliche Ursachen hierfür könnten unpassende fachliche Anforderungen oder eine ungeeignete Team-Zusammensetzung sein, sodass die Mitarbeitenden ihr wahres Potenzial nicht richtig entfalten können. Unglücklicherweise gibt es Menschen, die wenig leisten, obwohl sie zu besseren Ergebnissen fähig wären, wenn sie nur wollten.

Der Chemische Faktor

Beständig: Der individuelle Beitrag entspricht den Erwartungen des Unternehmens. Diese Mitarbeitenden haben in der Regel ein gutes Gefühl dafür, welche Leistung sie der Firma für das erhaltene Gehalt schulden.

Ausgezeichnet: Der Beitrag dieser Personen übertrifft die Erwartungen des Unternehmens. Er übertrifft auch oft ihre Entlohnung und ihre Aufgabenbeschreibung. Manchmal erachten Unternehmen solche Leistung für selbstverständlich und erwarten eine permanente Steigerung. Dies wäre falsch, die Motivation dieser Mitarbeitenden würde darunter sicher leiden.

Mitarbeiter/-innen, die der Kombination **Ungenügend/ Überzeugung** zugeordnet werden müssen, leisten bewusst nur so viel, dass dies gerade noch vom Unternehmen geduldet wird. Sie sind sich ihres ungenügenden Einsatzes voll bewusst und nutzen willentlich die Situation aus, dass im Unternehmen Minderleistung dennoch toleriert wird. Sie machen sich das Leben einfach, oft zu Lasten ihrer Kollegen/-innen. Indem sie vorgeben, Unterstützung zu brauchen, lassen sie andere Leute ihre Arbeit machen. Ihr fachliches Können ist oft ungenügend, jedoch anstatt an ihren Schwächen zu arbeiten, versuchen sie, diese zu vertuschen. Es wäre ein großer Fehler, solche Leute als dumm einzustufen. Im Gegenteil, sie sind fähig, smarte Strategien zu entwickeln, um sich zu schützen. Mit der Wahrheit konfrontiert, spielen sie oft eine Opferrolle: Opfer unglücklicher Umstände, nicht verstanden zu werden, von Überlastung, von Mobbing oder Opfer böswilliger Vorgesetzter. Gelegentliche Auseinandersetzungen mit dem Unternehmen enden oft vor Gericht und leider allzu oft mit dem besseren Ende für die Leistungsverweigerer. Diese Mitarbeitenden schädigen das Unternehmen nicht nur aufgrund des nicht erbrachten (aber

Der Chemische Faktor

geschuldeten) Wertbeitrags, sondern auch durch den hohen Aufwand, den sie seitens der Organisation verursachen.

Prävention ist die einzige geeignete Strategie, um zu verhindern, dass solche Personen erst gar nicht ins Unternehmen finden. Es ist deshalb wichtig, auf frühe Anzeichen solchen Verhaltens im beruflichen Lebenslauf beziehungsweise im Vorstellungsgespräch zu achten. Letzte Zweifel müssen spätestens gegen Ende der Probezeit ausgeräumt sein. Da belastende Situationen, zum Beispiel Termin- oder Leistungsdruck, in der Regel individuelle Stärken und Schwächen besser zum Vorschein bringen, sind solche Umstände bestens geeignet, um den wahren Kern einer Person frühzeitig freizulegen.

Am geradezu entgegengesetzten Ende steht die Kombination **Ausgezeichnet/Überzeugung**. Nach solchen Mitarbeitenden sollten Unternehmen Ausschau halten. Diese Menschen bringen eine außerordentliche Leistung, weil es in ihrer Natur liegt. Nicht das Bestmögliche zu erreichen, macht sie unglücklich. Dies sind die besten Ingenieure/-innen, die besten Projektleiter/-innen oder die besten Finanzspezialisten/-innen, die ein Unternehmen finden kann. Dies sind die Pioniere, die neue Wege eröffnen, und dies sind die Mitarbeiter/-innen, die in schwierigen Situationen den Unterschied ausmachen. Sie arbeiten weder für Belohnungen, weder für ihren Boss noch für Ruhm. Es ist allein die berufliche Herausforderung, die sie antreibt. Sie sind bereit, schwierige Aufgaben in Angriff zu nehmen und dafür alles zu tun, vorausgesetzt das Unterfangen macht für sie Sinn. Weil sie in der Regel ein Scheitern persönlich nehmen, werden sie mögliche Risiken offen ansprechen und keine faulen Kompromisse eingehen. Würden sie im Vorfeld eines wichtigen Unterfangens sagen: „Es wird schwierig, aber lasst es uns probieren", stünden die Chancen sicher gut, dass dieses auch gelingt.

Der Chemische Faktor

Ihre Leistungen zu würdigen und ihnen eine langfristige Perspektive im Unternehmen zu bieten, ist ein Muss. Für Vorgesetzte ist es empfehlenswert, eine persönliche Beziehung zu diesen Personen aufzubauen und sie wie Familienmitglieder zu behandeln. Diese Mitarbeitenden verdienen es am meisten, befördert zu werden. Hierbei sollte aber immer darauf geachtet werden, dass ihre Chancen gutstehen, im neuen Job ebenfalls ausgezeichnet performen zu können, und dass so eine Beförderung nur mit Zustimmung der Betroffenen ausgesprochen wird. Eine Person in eine andere Rolle zu drängen, nur weil sie in ihrer vorherigen Aufgabe erfolgreich war, ist bei Personalentscheidungen ein oft begangener Fehler.

Bezüglich ihrer Entlohnung sollte der feste Anteil vergleichsweise hoch und der variable eher gering ausfallen. Diese Mitarbeitenden möchten arbeiten und wollen nicht viel Zeit darauf vergeuden, ihren Bonus auszurechnen. Außerordentliche Leistungen mit einer einmaligen Prämie zu honorieren, würden sie als Anerkennung exzellenter Arbeit würdigen.

Mitarbeiter/-innen der Kombination **Beständig/Überzeugung** bilden das starke Fundament eines jeden Unternehmens. Wie in der Tour de France kann ein Team nicht nur aus Champions bestehen. Selbst wenn man in der Lage wäre, genügend solcher aufzutreiben, es würde trotzdem nicht funktionieren. Die meisten Topteams haben in der Regel nur einen Spitzenfahrer, der eine der Tour-Kategorien gegebenenfalls gewinnen könnte. Allein gelassen, wären diese Champions nicht in der Lage, auch nur eine einzige Etappe zu gewinnen. Sie benötigen die Unterstützung der anderen Teammitglieder, um sie vor dem Wind zu schützen, um sie mit Wasser zu versorgen und um sie vor den Angriffen der anderen Mannschaften zu verteidigen. Auch wenn der Begriff ‚Wasserträger' irgendwie herabwürdigend klingen

Der Chemische Faktor

mag, beschreibt er doch ihre Rolle am besten. Niemand erwartet es von ihnen, und sie selbst wollen es auch nicht, dass sie als Einzelsportler das Rennen gewinnen. Sie wollen als Team siegen. Und so muss auch ein Unternehmen funktionieren. Die berufliche Überzeugung dieser Leute ist es, einfach einen guten Job zu machen. Dennoch, ihre guten Leistungen als selbstverständlich zu erachten und nicht zu würdigen, wäre fahrlässig. Üblicherweise zuverlässig und fair, sind diese Mitarbeitenden meistens auch gute Teamplayer. Sie angemessen und respektvoll zu behandeln und ihnen das Gefühl zu vermitteln, im Unternehmen ihre berufliche Heimat gefunden zu haben, wird ihre Motivation aufrecht erhalten. Ihre Entlohnung sollte dem gleichen Ansatz wie für die vorangegangene Kombination folgen.

Die Kombination **Ausgezeichnet/Belohnung** ist ziemlich schwierig zu handhaben. Personen, welche dieser Gruppe angehören, sind ebenfalls zu außergewöhnlichen Leistungen fähig, jedoch ist ihre Motivation permanent an den Erhalt einer Belohnung gekoppelt. Als gute Manager oder Fachleute können sie leicht einen Job anderswo bekommen. Böte ihnen ein anderes Unternehmen einen stärkeren Stimulus, würden sie wahrscheinlich nicht zögern, einen Wechsel vorzunehmen. Sie werden ihre Grenzen stets ausloten. „Sehen Sie, Firma yxz hat mir gerade ein einmaliges Angebot gemacht, und ich muss permanent daran denken. Was meinen Sie?", ist eine typische Frage, mit der solche Leute ihre Vorgesetzten gelegentlich konfrontieren. Im Glauben, unersetzlich zu sein, werden sie dieses Spiel ewig fortsetzen. Einzulenken wäre nur in einer engen Geschäftssituation ratsam, wenn keine personellen Alternativen zur Verfügung stünden. Personen dieses Typus werden ständig in der Organisation nach rechts und links schauen, in der Sorge, jemand anderes könnte es besser haben. Von ihren

Der Chemische Faktor

Vorgesetzten erfordern sie meistens einen hohen Management-aufwand.

Mitarbeiter/-innen, die nur in Erwartung einer Belohnung willens sind, bestmögliche Ergebnisse abzuliefern, muss man internen Wettbewerb spüren lassen. Ihren Beitrag kontinuierlich zu bewerten, hilft ihre Relevanz für das Unternehmen immer wieder neu zu kalibrieren. Ihnen die Vorteile ihrer Position öfters zu verdeutlichen, kann helfen, den Druck, den sie auf ihre Vorgesetzten ausüben, zu vermindern. Eine Anerkennung ihrer Arbeit ist zwar immer noch erforderlich, diese sollte aber nicht zu üppig ausfallen, da sie gleich versuchen würden, sie in bare Münze umzuwandeln.

Die Kombination **Beständig/Belohnung** ist weit verbreitet. Der große Unterschied zum Typus Beständig/Überzeugung besteht darin, dass an Stelle der persönlichen Überzeugung eine Belohnung als Stimulus für eine beständig gute Leistung hermuss. Dieser Aspekt wäre besonders dann relevant, wenn sich das Unternehmen gegebenenfalls in einer prekären Lage befände und Gehaltserhöhungen oder Prämien somit nicht mög-lich wären. Anders als bei denen, die ihrer beruflichen Überzeu-gung folgen, ließe die Motivation dieser Mitarbeitenden in einer solcher Situation wahrscheinlich stark nach.

Mitarbeitende der Kombination **Ausgezeichnet/ Geschäfts-umfeld** lieben ihren Arbeitsplatz, ihren Boss oder ihr Team. Vorzugsweise alle. In diesem Fall wäre die geeignete Personal-strategie, das inspirierende Umfeld so lange wie möglich aufrecht zu erhalten und eventuelle Änderungen durch zielgerichtete Einzel- und Team-Gespräche rechtzeitig vorzube-reiten. Den Mitarbeitenden zu erklären, warum die anstehende

Der Chemische Faktor

Änderung notwendig sei, und sie nach ihrer Meinung zu fragen, würde ihre Akzeptanz erhöhen.

Die Kombination **Ungenügend/Belohnung** ergibt keinen richtigen Sinn. Warum sollte jemand in Erwartung einer Belohnung eine schwache Leistung darlegen?

Die beiden Kombinationen **Ungenügend/Angst** und **Ausgezeichnet/Angst** sind eher selten und sollten im Einzelfall überprüft werden. Angst ist immer ein schlechter Motivator. Sie kann Menschen lähmen und sie daran hindern, ihre beste Leistung zu erbringen. Auf Dauer kann sie aber auch Menschen zugrunde richten.

Schlussfolgernd werden folgende Personalstrategien vorgeschlagen:

➜ Fördern von Mitarbeitenden der Kombinationen *Ausgezeichnet/Überzeugung*, *Beständig/Überzeugung* und *Ausgezeichnet/Geschäftsumfeld*

➜ Behalten und pflegen der Mitarbeitenden in den Kombinationen *Beständig/Geschäftsumfeld*, *Ausgezeichnet/Belohnung* und *Beständig/Belohnung*, wobei für letztere zwei Fälle gegebenenfalls Personalalternativen rechtzeitig ins Auge gefasst werden sollten.

➜ Trennen von Mitarbeitenden der Kombinationen *Ungenügend/Überzeugung* und *Ungenügend/Belohnung*

Der Chemische Faktor

➔ Weitere Bewertung von Mitarbeitenden in den folgenden Kombinationen:

Ausgezeichnet/Angst und *Beständig/Angst* – Dies sind wertvolle Beitragende zum Geschäftsergebnis, Angst kann jedoch kein langfristiger Motivator sein. Früher oder später werden diese Leute zusammenbrechen, oder ihre Leistung wird nachlassen.

Ungenügend/Angst – Was ist die Ursache der Angst? Würde diese wegfallen, wäre dann eine bessere Leistung möglich?

Ungenügend/Umfeld – Verhindert das aktuelle Umfeld eine bessere Leistung? Würde ein Transfer in ein anderes Team oder in einen anderen Aufgabenbereich die Leistung verbessern?

Indem sie ihren Personalpool (einschließlich des Führungspersonals) anhand der beschriebenen Kriterien regelmäßig analysieren und insbesondere die Leistungsträger und die Beschäftigten in Schlüsselbereichen den aufgeführten Kombinationen zuordnen würden, könnten Unternehmen wertvolle Information bezüglich des aktuellen Leistungspotenzials, der Stabilität und der Resilienz ihrer Organisation gewinnen. Vorgesetzte könnten auf dieser Basis besser entscheiden, welche Mitarbeitende am ehesten geeignet sind, gefördert und befördert zu werden. Ebenfalls würden sie leichter erkennen, wo das Unternehmen personellen Risiken gegebenenfalls ausgesetzt sein könnte. Die Implementierung einer solchen Systematik sowie die regelmäßige Organisation und Moderation solcher Personalerhebungen wäre eine wichtige Aufgabe für die Personalabteilungen der Unternehmen.

Der Chemische Faktor

Folgende Tabelle fasst die vorgeschlagenen Personalstrategien zusammen.

Motivation -------------- Leistung	Angst	Belohnung	Geschäfts- umfeld	Überzeu- gung
Ausgezeichnet	prüfen	behalten	**fördern**	**fördern**
Beständig	prüfen	behalten	behalten	behalten
Ungenügend	prüfen	**trennen**	prüfen	**trennen**

Da sie den Faktor Motivation einer differenzierteren Betrachtungsweise unterzieht, ist die hier vorgeschlagene Bewertungssystematik eine nützliche Unterstützung für das Treffen guter Personalentscheidungen und für die Weiterentwicklung der Organisation.

Der Chemische Faktor

Das Pentagon-Profil

Das Leiten eines Unternehmens ist eine komplexe Aufgabe. Die meisten Menschen assoziieren Managen einfach nur mit verschiedenen Führungsstilen, zum Beispiel kollaborativ oder autokratisch. Die Komplexität dieser Aufgabe nur auf diesen Blickwinkel zu reduzieren, ist zu kurzsichtig. Das Ausarbeiten eines umfassenden und gehaltvollen Managerprofils erfordert eine Beurteilung der Einstellung dieser Person in Bezug auf ein breiteres Spektrum geschäftsrelevanter Aspekte. Folgende fünf dieser Aspekte haben hierzu eine besondere Bedeutung: die Einstellung von Managern/-innen zum Unternehmen, gegenüber ihren Mitarbeitenden, gegenüber ihren Kollegen/-innen, gegenüber ihren Vorgesetzten und schließlich gegenüber sich selbst.

Die Einstellung von Führungskräften gegenüber dem **UNTER-NEHMEN** ist am aller wichtigsten. Diesbezüglich gibt es zwei Grundtypen.

Manager/-innen, die sich selbst als Diener ihres Unternehmens verstehen, möchten **Beitragsleistende** zur Steigerung des Unternehmenswerts sein. Daher werden ihre Entscheidungen und ihr Wirken darauf ausgerichtet sein, den langfristigen Erfolg und die wirtschaftliche Nachhaltigkeit der Firma sicherzustellen. Sie bleiben in einer Position lange genug, um langfristige Verantwortung für ihr Handeln zu übernehmen und um das Unternehmen nach ihren beruflichen Vorstellungen weiterzuentwickeln. Ohne den Wandel zu blockieren, wenn sie dafür eine Notwendigkeit erkennen, sind ihre Entscheidungen eher

konservativ und darauf bemüht, das Unternehmen keinen un-
kalkulierbaren Risiken auszusetzen.

In krassem Gegensatz dazu gibt es Manager/-innen, die das
Unternehmen als nur ein Mittel betrachten, um ihre eigenen
Karrierepläne zu verwirklichen. Ihr Handeln ist hauptsächlich
darauf ausgerichtet, schnelle Erfolge zu erzielen und somit ihre
eigene Person möglichst in den Vordergrund zu heben. Da sie in
der Regel nicht lange genug in einer Funktion verweilen, um mit
den langfristigen Konsequenzen ihres Wirkens konfrontiert zu
werden, ist ihre Sorge um Nachhaltigkeit eher gering. Sie sind
bereit, Risiken einzugehen, wenn sie eine Chance auf einen
schnellen Gewinn sehen. Schnelle Erfolge verleihen ihnen die
Aura von Champions. Sobald sie ihre ersten Erfolge realisiert
haben, streben sie einen Wechsel in eine höhere Position an. Mit
dieser Taktik gelingt es ihnen oft, sich bis in die höchsten
Unternehmensebenen hochzumanövrieren. Es erscheint zutref-
fend, diese Art von Personen als **Opportunisten/-innen** zu
bezeichnen. Die exhibitionistische Zurschaustellung ihrer an-
geblich außerordentlichen Arbeitsergebnisse in Kombination mit
ihrem üblicherweise charismatischen Erscheinungsbild verde-
cken oft den räuberischen Impakt solcher Leute auf Unternehmen.

Beitragsleistende sind sehr auf ihr berufliches Vermächtnis
bedacht. Wenn sie eine andere Aufgabe übernehmen, sind sie
bemüht, diesen Wechsel bestmöglich vorzubereiten. Sie möchten ein gesundes Geschäft hinterlassen und ihren Nachfolgenden einen guten Einstieg in den neuen Job ermöglichen. Sie
werden versuchen, bei deren Auswahl mitzuwirken, und auf
einen realistischen Zeitplan für die Übergabe der Aufgabe bestehen, sodass genügend Überlappungszeit vorhanden ist. Sie werden ihre Nachfolger/-innen offen über potenzielle Chancen und

Der Chemische Faktor

Risiken in Kenntnis setzen und ihnen ihre volle Unterstützung zusichern.

Opportunisten/-innen tun genau das Gegenteil. Sobald ihr Wechsel sicher ist, verlieren sie schnell jegliches Interesse an ihrer alten Aufgabe und konzentrieren sich nur noch auf den neuen Job. Wer ihnen nachfolgt, ist ihnen nicht wichtig. Wenn möglich, werden sie versuchen, eventuell vorhandene Risiken zu verschleiern und Chancen gönnerhaft als großzügiges Geschenk an ihre Nachfolger/-innen zu präsentieren.

Wie Manager/-innen ihre **MITARBEITENDEN** ansehen, ist ebenfalls von großer Bedeutung. Auch hier gibt es zwei diametral entgegengesetzte Managertypen.

Gute Manager/-innen sehen ihre Mitarbeitenden als Personen, die respektvoll behandelt, deren Karrieren gefördert und deren Arbeitsergebnisse anerkannt und gewürdigt werden müssen. Sie verspüren eine echte Verpflichtung gegenüber ihren Mitarbeitenden, diese aktiv in ihrer beruflichen Entwicklung zu unterstützen und ihnen ein inspirierendes Arbeitsumfeld zu bieten, in dem sie ihre Talente voll einbringen können. Diese Vorgesetzten binden ihre Leute bei der Entscheidungsfindung mit ein und erlauben ihnen einen höchstmöglichen Handlungsspielraum. Unter diesen Bedingungen können Letztere ihr volles Potenzial und ihre volle Kreativität entfalten. Diese Art von Managern/-innen verstehen sich als **Coaches** ihrer Mitarbeitenden.

Autokraten/-innen betrachten ihre Untergeordneten bloß als Betriebsmittel, die einfach nur in ihrem Aufgabenbereich funktionieren müssen. Sie geben Befehle und dulden keine Widerrede. „Anweisungen sind zu befolgen und nicht zu diskutieren", ist eine typische Phrase, welche Mitarbeitende autokratischer

Der Chemische Faktor

Führungskräfte öfters zu hören bekommen. Weil *Autokraten/-innen* generell die persönliche Interaktion mit ihren Leuten scheuen, verschanzen sie sich oft hinter ihren Stabsabteilungen und einem Berg von Regeln und Richtlinien — dem ‚Kompass‘, welchen sie vorgeben, ihren Mitarbeitenden an die Hand zu geben.

In manchen Bereichen, die durch eher einfache und sich wiederholende Tätigkeiten gekennzeichnet sind, mag so ein Führungsstil effektiv sein. In einem Geschäftsumfeld, das den kreativen Einsatz aller Mitwirkenden erfordert, ist er jedoch völlig ungeeignet.

In unserer modernen, durch Automation und Digitalisierung geprägten Wirtschaft werden alle einfachen Jobs zunehmend durch Maschinen übernommen und letztlich verschwinden. In der Zukunft wird der menschliche Wertschöpfungsbeitrag auf einer deutlich höheren kognitiven und intellektuellen Ebene stattfinden und somit gut ausgebildete und kreative Fachleute erfordern. Solche Mitarbeiter/-innen möchten als wertvolle Individuen geachtet werden, wollen ihre Leistungen von ihren Vorgesetzten anerkannt sehen und missbilligen jeglichen Ansatz, sie auf einfache operative Ressourcen zu reduzieren. Manager/-innen, die ihren Mitarbeitenden auf einer persönlichen Ebene begegnen und sie zu herausragenden Leistungen inspirieren und motivieren können, werden den Unterschied im zukünftigen Ringen der Unternehmen um die besten Talente ausmachen. Vorgesetzte, die einen autokratischen und unpersönlichen Führungsstil pflegen, werden für ihre Unternehmen zunehmend zu einem hohen Risiko und bald ein Relikt der alten Ökonomie darstellen.

Der Chemische Faktor

In größeren Unternehmen erfordert die Wertschöpfung oft den Beitrag unterschiedlicher Einheiten, die notwendigerweise am gleichen Strang ziehen müssen. Wenn die Leiter/-innen dieser Einheiten eher individuelle Ziele verfolgen, als zusammenzuarbeiten und sich abzustimmen, kann das Gesamtergebnis nicht optimal sein. Deshalb sollte die Verhaltensweise gegenüber **KOLLEGEN/-INNEN** bei der Bewertung von Managerqualitäten nicht vernachlässigt werden. In dieser Hinsicht können folgende zwei sehr unterschiedliche Managertypen beobachtet werden.

Manche Manager/-innen besitzen die Fähigkeit, ihren Kollegen/-innen auf kollaborative Weise zu begegnen und immer nach Lösungen zum Vorteil des Gesamtgeschäfts zu streben. Sie halten persönliche Angelegenheiten aus dem Spiel und sind bereit, Kompromisse einzugehen, wenn dies dem übergeordneten Ziel dient. In komplexen Geschäften ist die Fähigkeit, Kollegen/-innen auf Augenhöhe zu begegnen und Kompromisse einzugehen, eine wichtige Managerqualität und definiert einen echten **Teamplayer**.

Andere Manager/-innen haben Schwierigkeiten, Kollegen/-innen auf der gleichen Hierarchieebene zu akzeptieren. Sie betrachten diese als Wettbewerber, sogar in Situationen, in denen ihre Rollen organisatorisch klar voneinander getrennt sind und es keine Aufgabenüberlappung gibt. Für diese Leute muss jede Beziehung eineindeutig sein: Vorgesetzte oder Untergeordnete. Jemandem auf halbem Weg zu begegnen, widerstrebt ihnen sehr. Sie werden immer versuchen, Kollegen/-innen aus ihrem direkten Umfeld zu unterwerfen. Wenn ihnen dies nicht gelingt, möchten sie zumindest die Rolle des ‚primus inter pares‘ für sich in Anspruch nehmen können. In anderen Worten, sind sie die **Individualisten/-innen** des Unternehmens. In ihrem permanenten Kampf um Überlegenheit werden sie oft persönlich.

Der Chemische Faktor

Diese Leute investieren einen hohen Aufwand dafür, die Lieblinge ihrer Vorgesetzten zu werden und eine privilegierte Position zu erschleichen. Anstelle einzutreten, um einen Fehler ihrer Kollegen wett zu machen, werden sie eher versuchen, aus so einer Situation Kapital zu schlagen, um die Position der anderen zu schwächen und ihre eigene zu stärken. Anstatt die Kräfte im Team zu bündeln, um ein schwieriges Problem zu lösen, ziehen sie es vor, dieses an ihre Vorgesetzten zu eskalieren, und vergeuden ihre Energie darauf, die besseren Argumente vorzubereiten. Auch wenn in streng hierarchischen Geschäftsstrukturen diese Attitüde nicht so schädlich sein mag, kann sie jedoch in einer funktionalen Aufstellung die gesamte Organisation vergiften.

Für die meisten Menschen, die in hierarchischen Organisationsstrukturen arbeiten, ist deren Beziehung zu ihren **VORGESETZTEN** ziemlich klar. Wenn Letztere eine Order erteilen oder eine Entscheidung überstimmen, sollten die Mitarbeitenden nicht zögern, mit ihrem bestmöglichen Einsatz die erhaltenen Anweisungen umzusetzen. Dies ist im Prinzip auch richtig, weil dies die Grundlage jeder hierarchischen Struktur darstellt. Das Geschäft ist keine Ausnahme. Manager/-innen, die sich unwohl fühlen, Anweisungen ihrer Vorgesetzten zu befolgen oder gelegentlich eine Entscheidung überstimmt zu bekommen, sind als Mitarbeitende eines Unternehmens fehl am Platz und sollten sich überlegen, ihr eigenes Geschäft zu starten.

Manche Führungskräfte wählen den Weg des geringsten Widerstands und befolgen blind die Anweisungen ihrer Chefs/-innen, ohne weiter darüber zu reflektieren. Was immer der Boss sagt, geben sie ungefiltert an ihre Mitarbeitenden weiter. Sich hinter den Vorgesetzten zu verstecken, ist ein typisches Verhaltensmerkmal dieser Leute. So eine Managerattitüde stellt eine große

Der Chemische Faktor

Vergeudung des kreativen Potenzials eines Unternehmens dar. Der Wertbeitrag solcher **Nachläufer/-innen** ist mehr als fragwürdig.

Es ist im Interesse des Geschäfts, dass, wenn in Zweifel über eine erhaltene Anweisung, Mitarbeitende aktiv auf ihre Vorgesetzten zugehen und ihre Argumente vorbringen. Anders als die oben beschriebenen Nachläufer/-innen sind sie nicht nur das blinde Echo ihrer Chefs/-innen, sondern versuchen, ihren eigenen Verstand zum Wohle des Unternehmens einzusetzen. Wenn die Vorgesetzten anschließend nach wie vor auf ihrer eigenen Meinung bestehen, geben sie ihr Bestes, um die erhaltenen Order zu befolgen und diese umzusetzen. Solche Manager/-innen können als aktive und loyale **Mitdenkende** bezeichnet werden.

Was ihre Beziehung zu ihren Vorgesetzten anbelangt, fallen die meisten Menschen in eine der beiden oben beschriebenen Kategorien. Offensichtlich präferieren autokratische Vorgesetzte *Nachläufer/-innen*, während Coaches sich lieber mit *Mitdenkenden* umgeben.

Die dritte Kategorie ist eher eine Ausnahme. Weil sie aber in bestimmten Geschäftssituationen von hoher Relevanz sein kann, sollte sie ebenfalls nicht unerwähnt bleiben.
Manche Menschen haben immer ihre eigene Meinung, und oft kollidiert diese mit der Meinung ihrer Vorgesetzten. Diese Leute sind schwer kontrollierbar und erfordern einen hohen Managementaufwand. In einer stabilen Geschäftslage, in der Nachhaltigkeit und kontinuierliche Verbesserung die wichtigsten Erfolgsfaktoren sind, können solche **Rebellen/-innen** zum Risiko für das Unternehmen werden. Manchmal aber können sie mit ihren revolutionären Ideen einen disruptiven Wandel des

Geschäfts anstoßen. Dies ist auch der ideale Managertyp, um alte Verhaltensmuster und verkrustete Strukturen aufzubrechen. Deshalb werden *Rebellen/-innen* manchmal auch gebraucht.

Abschließend ist die **EIGENWAHRNEHMUNG**, also die Art, sich selbst zu sehen, ebenfalls von großer Bedeutung.

Die meisten Führungspersönlichkeiten sind mehr oder weniger von sich selbst eingenommen. Geht diese Überzeugung jedoch so weit, dass Manager/-innen sich als alleinigen Mittelpunkt ihrer Organisation sehen, sind sie nichts anderes als selbstzentrische **Egotisten/-innen**. Da solche Leute denken, perfekt und unfehlbar zu sein, ist Eigenreflexion für sie weitgehend ein Fremdwort. Deshalb bleiben sie in ihrem Habitus gefangen und können sich nicht weiterentwickeln.

Am anderen Ende gibt es Vorgesetzte, die verstehen, dass auch sie sich weiterentwickeln müssen und dass nur permanente Selbstreflexion und stetiges Lernen und Arbeiten an sich selbst sie zu einer besseren Person und Führungskraft machen. Solche Manager/-innen bitten oft Mitarbeitende, Kollegen/-innen und Vorgesetzte um Feedback, wie sie sich in ihrer Aufgabe weiter verbessern könnten. Es ist schwer, ein solches Persönlichkeitsprofil mit nur einem Wort zu umschreiben. Die Bezeichnung **Reflexionist/-in** kommt diesem Typ Menschen vielleicht am nächsten.

In einer polaren Darstellung von Managerqualitäten bildet das Profil von Beitragsleistenden für ihre Unternehmen, von Coaches für ihre Mitarbeitenden, von Teamplayern gegenüber ihren Kollegen und Kolleginnen, von Mitdenkenden gegenüber ihren Vorgesetzten und von Reflexionisten/-innen gegenüber sich selbst ein *perfektes Pentagon*. Logischerweise kann sich jedes Unternehmen, das über solche Führungskräfte verfügt, glücklich schätzen. Leider sind solche Menschen eine seltene Spezies und deshalb nur schwer zu finden. Schlimmer noch, die Unternehmenskultur mancher Firmen fördert solche Leute nicht wirklich. Ohne ihren wahren Wert zu erkennen, wird ihnen oft vorgeworfen, Herausforderungen zu scheuen, wenig Autorität und Selbstvertrauen zu haben und nicht genug Kante zu zeigen. In der Folge schaffen es opportunistische und selbst-zentrische Autokraten/-innen, die sich selbst feiern und dabei der Albtraum ihrer Mitarbeitenden sind, allzu oft in die Top-Etagen von Unternehmen.

Hoffentlich wird der grundlegende Wandel in der Wirtschaft, der mit zunehmender Automation, Digitalisierung und künstlicher Intelligenz einhergeht, auch die Unternehmenskultur verändern und Managern/-innen mit wahren Qualitäten den Vortritt geben.

Der Chemische Faktor

Das CXO-Dilemma

Eine ausgewogene, von Teamgeist und gegenseitigem Vertrauen geprägte Partnerschaft zwischen dem CEO und dem CFO eines Unternehmens ist ein überaus wichtiger Erfolgsfaktor. Wenn diese Beziehung gut funktioniert, wird dies positive Signale in die gesamte Organisation senden. Im Gegensatz dazu ist Disharmonie auf der C-Ebene eines Unternehmens eine hohe Belastung für die gesamte Belegschaft und ein hohes geschäftliches Risiko.

Nur wenige Partnerschaften an der Spitze von Unternehmen sind wirklich erfolgreich. Tatsächlich sind viele ziemlich ineffizient. Dafür gibt es viele Gründe. Der wichtigste davon ist, dass, obwohl in der Theorie gut dokumentiert, in der Praxis zwischen den beiden Managern/-innen oft viel Unklarheit hinsichtlich ihrer individuellen Rollen und ihrer Zusammenarbeit zum Wohle des Unternehmens herrscht.

Das generelle Rollenverständnis ist, dass der CEO alle Geschäftsentscheidungen trifft und die ultimative Verantwortung für das Unternehmen hat. Die Hauptaufgabe des CFOs besteht darin, die Richtigkeit der Finanzabschlüsse und die Beachtung der Grundsätze für die Rechnungslegung sicherzustellen. Die Positionierung der CEOs als alleinige Verantwortliche für alle wichtigen Geschäftsentscheidungen versetzt alle anderen Unternehmensfunktionen in die Rolle von Ausführungsgehilfen für deren Anweisungen. Dieser Ansatz provoziert die Frage: „Ist eine zweite Person auf der C-Ebene eines Unternehmens

Der Chemische Faktor

notwendig, oder wäre ein Leiter beziehungsweise eine Leiterin des Rechnungswesens auch ausreichend?" Für viele, und insbesondere für Kaufleute, mag diese Frage zwar irritierend sein, jedoch würde in vielen Unternehmen letztere Variante völlig ausreichen. Warum zwei Personen auf der Top-Ebene eines Unternehmens beschäftigen, wenn nur eine die Gesamtverantwortung trägt? Dieses ist eine Frage, die sich viele CEOs gelegentlich stellen. Andererseits sind viele CFOs mit ihrer untergeordneten Rolle unzufrieden und streben nach ähnlicher Relevanz und Anerkennung wie der CEO. Diese Situation ist oft Grund für Antipathie und für häufige Konflikte zwischen den beiden Protagonisten/-innen.

Da die deutsche Geschäftskultur generell ein kollaboratives Entscheidungsmodell bevorzugt, wurden bis in die späten neunziger Jahre in den meisten deutschen Unternehmen alle wichtigen Geschäftsentscheidungen von den technischen Leitern/-innen und deren kaufmännischen Partnern/-innen gemeinsam getroffen. Dieses ‚Vier-Augen-Prinzip' stellte die technischen und die kaufmännischen Manager/-innen eines Geschäfts auf die gleiche Ebene. Es erwies sich als ein wertvolles Managementinstrument, indem es sicherstellte, dass Entscheidungen immer das ausgewogene Ergebnis technischer und kaufmännischer Überlegungen waren.

Während der letzten Jahrzehnte wurde das Prinzip des CEO als Alleinentscheider/-in zunehmend in den meisten deutschen Unternehmen aus der angelsächsischen und insbesondere aus der amerikanischen Geschäftskultur übernommen.

Welches sind die Konsequenzen der Anwendung dieses Prinzips in der heutigen Geschäftswelt?

Der Chemische Faktor

In technischen Unternehmen heißt dies oft, dass die Rolle der CFOs auf das Zusammenführen und Reporten der Geschäftszahlen beschränkt ist. Es heißt auch, dass deren Teilnahme am Entscheidungsprozess und an der Geschäftsentwicklung eher gering ausfällt. Warum? Erstens, weil es gemäß oben beschriebener Aufgabenteilung nicht deren Job ist. Zweitens, weil viele CFOs das Geschäft auf kaufmännische Prinzipien zu reduzieren versuchen und wenig Interesse an dessen Inhalten zeigen. Dies könnte eine Folge von zu wenig Zeit sein, sich mit diesen Inhalten vertraut zu machen, oder aber auch in der generellen Abneigung von Kaufleuten, sich mit nicht-kaufmännischen Aspekten auseinanderzusetzen, begründet sein.

Die meisten CEOs konzentrieren sich hauptsächlich auf die betrieblichen Abläufe, und oft entschwinden dabei die kaufmännischen Belange ihrem Blickfeld. Diese Aspekte werden für sie erst gegen Ende einer jeden Berichtsperiode relevant, wenn die Kaufleute die Zahlen aggregiert und den Schlussstrich gezogen haben.

Diese Situation führt oft zu einer Entzweiung des Geschäfts in zwei Silos, dem technischen und dem kaufmännischen, die von der Spitze bis in die untersten Ebenen eines Unternehmens reichen können. Interaktion ist eher eingeschränkt und meist nur auf den formal festgelegten Austausch von Informationen limitiert.
Läuft das Unternehmen schlecht, steht meistens nur der CEO in der Schusslinie. Es ist überraschend, wie viele CFOs in einer solchen Situation in den Hintergrund treten und ihre CEOs allein lassen, indem sie sich auf ihre Rolle beschränken und jegliche Verantwortung für operative Angelegenheiten von sich weisen. Floriert hingegen das Geschäft, treten sie einen Schritt vor und reklamieren einen Teil des Erfolgs für sich.

Der Chemische Faktor

Gelegentlich, wenn CEOs zu sehr von operativen Problemen in Anspruch genommen werden, kann beobachtet werden, dass CFOs zunehmend Aufgaben Ersterer übernehmen, bis hin zur faktischen Leitung des Unternehmens. Da CFOs nicht immer über ein ausreichendes Wissen bezüglich der technischen Inhalte verfügen, neigen sie dazu, das Geschäft nur über Zahlen und Finanzindikatoren abbilden zu wollen. Dies hat oft zur Folge, dass die Controlling und Reporting Aktivitäten und damit auch die Kopfzahlen in den kaufmännischen Einheiten steigen, ohne einen wahren Geschäftsmehrwert zu generieren. Wenn CFOs massiv in die Definition der Unternehmensstrategie eingreifen, über die Einstellung technischer Mitarbeiter/-innen entscheiden oder sich in operative Angelegenheiten einmischen, kann sich daraus eine gefährliche Situation entwickeln, die zum totalen Kontrollverlust über das Unternehmen führen kann.

In einem transaktionsgeprägten Geschäft, wie zum Beispiel dem Installations- und Projektgeschäft, ist eine wichtige, immer wiederkehrende Frage: „Wie viel technisches oder vertragliches Risiko kann in einem Einzelprojekt eingegangen werden, ohne das Gesamtgeschäft zu gefährden?" Die Antwort darauf erfordert die Beachtung und gegenseitige Abwägung einer Vielzahl von technischen, kaufmännischen, vertraglichen und rechtlichen Faktoren sowie die Berücksichtigung der Gesamtlage des Unternehmens. Somit kann diese Frage weder vom CEO noch vom CFO allein beantwortet werden. Solche Entscheidungen sind besonders im Fall strategisch wichtiger und üblicherweise dann auch wettbewerbsintensiver Projekte relevant, in denen eine kalkulierte Übernahme von Risiken unabdingbar ist, um die Erfolgschancen aufrecht zu erhalten. In so einer Situation bilden CEOs und CFOs oft kein gutes Team. Das mangelnde Interesse mancher CEOs an finanziellen und kaufmännischen Themen und mancher CFOs an technischen

Der Chemische Faktor

Inhalten ist hier ein großer Stolperstein. CEOs wissen oft über die Resilienz des Unternehmens nicht ausreichend Bescheid, während CFOs die Chancen und Risiken solcher Projekte nicht richtig bewerten können.

Der schnellste und effizienteste Weg, diese Situation zu verbessern, wäre, die CFOs näher ans Geschäft heranzubringen. Es ist eine weit verbreitete falsche Annahme, dass diese nur über ein oberflächliches technisches und operatives Wissen verfügen müssten. Alle CEOs, die kaufmännische Partner/-innen an ihrer Seite haben, welche über die technische und betriebliche Seite des Geschäfts dazulernen möchten, können sich glücklich schätzen. Dennoch haben viele CEOs Schwierigkeiten zu akzeptieren, dass CFOs auch an diesen Aspekten interessiert sein könnten. Sie empfinden es als eine Einmischung in ihre CEO Rolle, ohne den enormen Mehrwert technisch versierter Kaufleute zu erkennen. In den meisten CEO-CFO Partnerschaften ist es eher unüblich, dass Erstere auf die kaufmännische Abteilung zugehen, um Finanzinformationen zu erfragen. Ebenso unüblich ist es, dass Letztere die Projektteams bezüglich technischer Information kontaktieren. In der Praxis heißt dies oft, dass technische und kaufmännische Aspekte nicht richtig aufeinander abgestimmt sind.
Deshalb sollten CEOs ihre CFOs ermutigen, sich auch mit der technischen Seite der geschäftlichen Aktivitäten auseinander zu setzten. Zum Beispiel wäre der gemeinsame Besuch wichtiger Projektstätten oder Kunden in dieser Hinsicht eine gute Maßnahme.
Würde ein CFO gegebenenfalls fragen: „Können wir einen Teil der Risikorückstellungen für dieses Großprojekt auflösen?", könnte der CEO antworten: „Wäre super, wenn du dir selbst ein Bild machen könntest. Sprich doch einfach mit dem Projektleiter." Dies wäre eine interessante Erfahrung für beide

Der Chemische Faktor

Manager/-innen sowie auch für ihre technischen und kaufmännischen Mitarbeitenden.

Indem sie diesen Weg einschlügen, würden CEOs und CFOs zu einem starken Team heranwachsen, wobei beide zeitweilig in die Rolle des/der jeweils anderen schlüpfen könnten. Dieser Teamgeist wäre auch ein starkes Signal an die Mitarbeitenden, da sie sehen könnten, dass das Geschäft <u>ein</u> Management hat und nicht von zwei unabgestimmten Managern/-innen geführt wird und dass die Zusammenarbeit zwischen den technischen und kaufmännischen Abteilungen gewünscht und gefördert wird. Mit beiden punktuell Aufgaben des/der anderen übernehmend, bleiben gelegentliche Zusammenstöße nicht aus. Die mögliche Irritation, sich manchmal fragen zu müssen: „Warum legt er/sie sich quer? Es ist doch nicht sein/ihr Job!", wäre jedoch ein kleiner Preis für die sachkundige Unterstützung smarter und engagierter Kollegen/-innen. Dennoch sollten beide Protagonisten/-innen den Aufgabenbereich des/der jeweils anderen respektieren.

Mit der Zeit können sich kaufmännische Manager/-innen gut mit den grundlegenden technischen Themen vertraut machen. Auch wenn sie nicht in der Lage sind, alle technischen Aspekte im Detail abzudecken, so könnten sie dennoch die Informationen herausfiltern, die sie zur Erledigung ihres Jobs benötigen. Für viele CEOs wäre es eine große Befreiung, sich gelegentlich erlauben zu können, einige Tage weg vom Geschäft zu sein, im guten Gewissen, dass jemand da ist, um die Stellung zu halten. Ein wichtiges Rezept für eine erfolgreiche CEO-CFO Partnerschaft ist, dass beide sich gegenseitig respektieren und nie dem/der anderen den Eindruck vermitteln, er oder sie sei überflüssig.

Der Chemische Faktor

Eine gute Beziehung zwischen den technischen und den kaufmännischen Leitern/-innen eines Geschäfts fördert automatisch auch die gute Zusammenarbeit zwischen den entsprechenden Abteilungen und erspart der Firma eine Menge Leerlauf und Ineffizienz.

Welches sind nun die wichtigsten cross-funktionalen Bereiche, die CEOs beziehungsweise CFOs abdecken können sollten?

Für die CFOs ist es am wichtigsten, die Risiken und Chancen des Geschäfts zu kennen. Welche operativen Risiken gibt es und woher kommen sie? Dieses Wissen ist entscheidend, um technische, kommerzielle und vertragliche Aspekte gegeneinander abwägen zu können. Ohne diese Kenntnisse wäre die Teilnahme der CFOs am Geschäftsgeschehen nur oberflächlich, sich hinter Zahlen versteckend und (hoffentlich) von Geschäftsentscheidungen fernhaltend.

CEOs denken in der Regel in einzelnen Geschäftstransaktionen. Wenn ein bestimmtes Unterfangen erfolgreich ist, sind sie glücklich und betrachten dies als eine Bestätigung ihrer CEO Fähigkeiten. Fehlschläge nehmen sie persönlich – so sollte es auch sein. Mit diesem scharfen Fokus auf operative Inhalte laufen CEOs oft Gefahr, die Perspektive über das Gesamtgeschäft zu verlieren. In dieser Hinsicht könnten ihre kaufmännischen Partner durch Erstellen smarter Geschäftsanalysen, zum Beispiel über die Stabilität des Geschäfts oder dessen Sensitivität auf verschiedene Einflussfaktoren, eine große Unterstützung sein. Auf Basis solcher Informationen wären dann bessere Entscheidungen möglich und es könnte genauer geplant werden.

Der Chemische Faktor

Auch wenn alle vorgeben, eine zu haben, sind wirklich erfolgreiche CEO-CFO Partnerschaften eher selten anzutreffen. Die größte Bedrohung für eine solche ist, wenn die beiden Manager/-innen beginnen miteinander zu konkurrieren. Auch wenn nicht unbedingt zwingend, sind folgende Aspekte hilfreich, um eine solche Situation zu vermeiden.

CEOs und CFOs sind unterschiedlichen Alters, vorzugsweise Erstere die ältere Person. So eine Kombination hätte den Vorteil, nicht nur eine respektvolle Beziehung von Anfang an zu fördern, sondern auch eine gewisse Spannung zwischen Alt und Neu zu erzeugen. So eine Dynamik ist erfahrungsgemäß dem Geschäft sehr zuträglich. Ein Team von zwei Managern/-innen gleichen Alters birgt das Risiko eines ungesunden Wettbewerbs, insbesondere zwischen jüngeren Personen.

Zum Zeitpunkt der Ernennung neuer CFOs waren die CEOs schon einige Zeit in ihrer Funktion. In dieser Situation sollte es Letzteren leichter fallen, ihren kaufmännischen Partnern/-innen mehr Freiheiten einzuräumen, aktiv am Geschäftsgeschehen teilzunehmen. Das Unternehmen bereits längere Zeit erfolgreich geleitet zu haben, sollte dem CEO die nötige Selbstsicherheit verleihen, um souverän mit eventuell anfänglicher Friktion umzugehen und gegebenenfalls auch mal großzügig über gewisse Dinge hinwegzusehen.

Beide Manager/-innen verfügen über fundiertes Wissen in ihrer Domäne. Es wäre ein Fehler anzunehmen, dass die Schwäche des/der einen durch die Stärke des/der anderen kompensiert werden könnte, denn in diesem Fall würden sie nie eine vertrauensvolle und respektvolle Beziehung aufbauen können.

Der Chemische Faktor

Die Chemie zwischen den beiden Personen muss stimmen. Dies ist ein überaus wichtiger und oft vernachlässigter Aspekt. Menschen, die gemeinsame Interessen teilen und sich gegenseitig mögen, harmonieren besser, zu ihrem eigenen Vorteil, zum Vorteil ihrer Mitarbeitenden und zum Vorteil des Unternehmens. Inkompatible Charaktere in eine Partnerschaft zu zwingen, endet üblicherweise im Scheitern. Oft wird diesem Kompatibilitätsfaktor bei der Ernennung von CEOs oder CFOs nicht genügend Bedeutung beigemessen.

Beide Manager/-innen sind daran interessiert, ihr Wissen über die traditionellen Grenzen ihrer eigenen Aufgabe hinaus zu erweitern, und verstehen und respektieren jeweils die Rolle des/der anderen.

Heißt dies, dass alle anderen Kombinationen zum Scheitern verurteilt sind? Nicht unbedingt. Viele Kombinationen können gut funktionieren, wenn beide Protagonisten/-innen das ehrliche Interesse haben, dem Unternehmen zu dienen und hierfür ihr Bestes zu geben. Auch wenn persönliche Interessen immer eine gewisse Rolle spielen, muss das Geschäft stets Vorrang haben.

Unabhängig von Alter, Erfahrung oder Verweildauer im Amt sollten CEOs und CFOs sich zu Beginn ihrer neuen Partnerschaft über ein gemeinsames Set von Managementprinzipien einigen, wie sie das Geschäft führen möchten. Auch wenn sie gelegentlich die Rolle des/der anderen kurzfristig übernehmen könnten, muss die Aufgabenteilung dennoch klar sein. Ohne dies würden sie als Einzelperson und als Team nicht effizient arbeiten können. Unklarheit über ihre jeweiligen Rollen wäre auch für die Mitarbeitenden sehr verwirrend.

Der Chemische Faktor

CEOs und CFOs müssen sich die Zeit nehmen, die Stärken und Schwächen sowie die Herangehensweisen ihres jeweiligen kaufmännischen beziehungsweise technischen Pendants kennenzulernen. Es ist von höchster Bedeutung, dass beide verinnerlichen, dass es bei ihrer jeweiligen Rolle um das Geschäft, um die Mitarbeitenden und nicht um ihre eigene Person geht. Stetige Kommunikation ist sehr wichtig, besonders zu Beginn einer neuen Partnerschaft. Regelmäßige Abstimmungsgespräche zur Verbesserung der Zusammenarbeit sind hierzu unerlässlich. Fragen wie: „Sind wir als Managementteam immer noch auf Linie?" oder „Wie nehmen uns unsere Mitarbeitenden wahr?", sollten regelmäßig erörtert werden. Wettstreit um Wichtigkeit und Anerkennung ist vergeudete Mühe. Das Risiko, dass so etwas passiert, ist dennoch hoch. Ein möglicher Grund hierfür könnte der Zwang sein, dem CEOs ausgesetzt sind, ein bestimmtes Image und Klischee zu bedienen. Ein weiterer möglicher Grund könnte die Ambition mancher CFOs sein zu zeigen, dass sie die besseren CEOs wären. So eine Situation müssen beide unter allen Umständen vermeiden. Das gemeinsame Verständnis darüber, dass ihr individueller Erfolg allein davon abhängt, wie die Mitarbeitenden sie als ein Team und nicht als zwei selbst-zentrische Individuen wahrnehmen, sollte ihre Partnerschaft regieren. Eine spannungsgeladene Beziehung an seiner Spitze ist Gift für das gesamte Unternehmen. So etwas würde unweigerlich zur Bildung von zwei unterschiedlichen Gruppen in der Organisation führen, die nicht immer die gleichen Interessen verfolgen würden. Jede Gruppe wäre primär darauf bedacht, ihren jeweiligen Boss zufrieden zu stellen. Sympathie und Anerkennung für die anderen könnte dann manchmal Leute sogar in Gefahr bringen. Solche Situationen eskalieren gelegentlich so weit, dass die beiden Manager/-innen nicht mehr direkt, sondern nur noch mittels ihrer Mitarbeitenden kommunizieren. Indem sie Letztere jeglicher beruflichen

Der Chemische Faktor

Satisfaktion beraubt, kann eine solche Dysfunktion an der Spitze der Organisation zum Albtraum für die Belegschaft werden.

Ein gutes Managementteam kommt nicht von ungefähr, sondern ist das Ergebnis einer zielgerichteten und steten Anstrengung. Jede CEO-CFO Partnerschaft braucht Zeit, um zu wachsen, und erfordert ein hohes persönliches Investment sowohl seitens der beiden als auch seitens ihrer Mitarbeitenden. Aus diesem Grund sollte, wie bei allen wichtigen Investments, eine solche Partnerschaft sorgfältig geplant und regelmäßig analysiert werden. Dies wäre unter anderen eine wichtige Aufsichtsrats-aufgabe.

Jedes Führungsprinzip hat seine Vor- und Nachteile. Das Gute an der heutigen Praxis ist, dass die gesamte Geschäftsverant-wortung in einem Punkt konzentriert ist. Keine Ausflüchte, keine Diskussionen. Das weniger Gute daran ist, dass, wenn zu stringent angewandt, es eine Menge an kreativem Potenzial des Unternehmens verschwenden kann. Wie mit allen Prinzipien jedoch – es sind die Menschen, die sie anwenden, die den wahren Unterschied ausmachen.

Der Chemische Faktor

Das Familien-Unternehmen

Der Begriff ‚Familienunternehmen' ist eine treffliche Beschreibung für eine Firma, in der Mitarbeitende und Vorgesetzte ein gemeinsames Ziel verfolgen und sich den gleichen Ethikstandards verpflichtet fühlen. Ob es sich in rechtlichem Sinn im Besitz einer echten Familie befindet, ist in dieser Hinsicht nicht relevant. In einer solchen, auf Empathie und Vertrauen aufgebauten Unternehmenskultur, wo Rollen, Regeln und Abläufe als nützliche Instrumente und nicht als Selbstzweck verstanden werden, finden alle das richtige Geschäftsumfeld, um ihr Bestes geben zu können.

Während der letzten Jahrzehnte hat sich die Geschäftskultur vieler Unternehmen kontinuierlich verschlechtert und weicht heute deutlich von der eines ‚Familienunternehmens' ab. Heute ist sie im Wesentlichen durch die einfache Gleichung ‚Leistung für Geld' definiert. Punkt! Nicht mehr und nicht weniger. Mit dem monatlichen Gehaltszettel einmal überwiesen, erachten viele Unternehmen ihre Verpflichtungen gegenüber den Mitarbeitenden als erfüllt. Für manche Unternehmen sind Mitarbeitende nichts anderes als Betriebsmittel, und im Gegenzug bedeutet für Letztere die Firma nichts anderes als ein Mittel zur Verwirklichung ihrer persönlichen Interessen.

<<<<< >>>>>

Der Chemische Faktor

Manchmal klagen Manager/-innen über ihre Organisation. Sie finden, diese funktioniere nicht richtig und sie könnten sie nicht unter Kontrolle bringen.

In der Tat funktionieren viele Organisationen nicht richtig gut. Die unterschiedlichen Abteilungen ziehen nicht am gleichen Strang und vergeuden zu viel Energie darauf, sich gegenseitig zu bekämpfen und sich den Schwarzen Peter zuzuschieben. Fehler, die hätten vermieden werden können, passieren dennoch und gefährden den Geschäftserfolg. Prozesse, auch wenn sorgfältig dokumentiert, versagen in der Praxis und bringen nicht die erwarteten Ergebnisse. Häufige Managementmeetings, Abstimmungs-Workshops, Motivationsveranstaltungen und enge Kontrollschleifen scheinen keine Wirkung zu erzielen.

Selbst wenn alle formellen Managementaspekte richtig adressiert erscheinen, laufen manche Unternehmen dennoch nicht rund. Zum Beispiel sind komplexe Geschäftsunterfangen, in denen viele Einheiten in der Wertschöpfung eingebunden sind, grundsätzlich gefährdet, dass etwas schiefläuft. Und es wird sicher einiges schieflaufen, wenn nur formelle Aspekte Beachtung finden. In solchen komplexen Geschäften spielt der menschliche Faktor eine besonders wichtige Rolle, und daher ist in solchen Unternehmen die Ausrichtung der gesamten Organisation auf ein gemeinsames Ziel eine entscheidende Managementaufgabe.

So eine gemeinsame Ausrichtung ist üblicherweise schwierig zu erzielen, weil in vielen Organisationen die Menschen primär ihre eigenen Interessen verfolgen. Manche möchten ihr Einkommen maximieren, andere wollen Anerkennung oder Ruhm, und wiederum andere wünschen sich nur einen komfortablen Berufsalltag. So wie nicht alle Metalle magnetisiert werden können, das

Der Chemische Faktor

heißt, alle Elementarmagnete gleich auszurichten, ist in komplexen Organisationen eine gemeinsame Ausrichtung nicht möglich, wenn nur Standard-Managementmethoden angewandt werden. Ungeachtet dessen, wie viel ‚Magnentisierungsaufwand' das Management für Teambesprechungen, Appelle oder Anreize aufbringt, bleibt das ‚Magnetfeld' (die operative Leistungsfähigkeit) der Organisation gering.

Die Divergenz von Interessen ist ein großes Hindernis für die Effizienz von Organisationen. Menschen haben unterschiedliche Bedürfnisse und folglich unterschiedliche Ziele. Ist die Organisation nicht ‚magnetisiert', werden sie eher eigene Interessen als die des Unternehmens verfolgen. Hierzu einige Beispiele: Talentierte junge Leute wollen schnell in ihren Aufgaben wachsen und auf ihrem Karrierepfad vorankommen. Sie wollen schnelle Ergebnisse für sich selbst und sehen nicht zwingend einen Grund, langfristige Unternehmensziele zu unterstützen. Sie sind bereit, Risiken einzugehen, weil sie wissen, dass sie eine zweite Chance erhalten, wenn etwas schiefgeht. Wenn sie nicht bekommen, was sie wollen, können sie leicht in ein anderes Unternehmen wechseln. Menschen auf dem Höhepunkt ihrer Karriere denken anders. Für manche von ihnen ist ihre Firmenzugehörigkeit ihr höchstes berufliches Gut. Sie verdienen gutes Geld, und die meisten wissen, dass ein weiterer Aufstieg eher unwahrscheinlich sei. Folglich ist die Wahrung ihres Status ihre wichtigste Priorität. Im Wissen, einen vergleichbaren Job in einem anderen Unternehmen schwer finden zu können, werden sie viel Aufwand darauf verwenden, sich selbst zu schützen und ihre Position zu bewahren. Sie werden immer dem sicheren Pfad folgen und es tunlichst vermeiden, sich irgendwie zu exponieren.

Der Chemische Faktor

In komplexen Organisationen mit vielen in der Wertschöpfungskette beteiligten Abteilungen, wie Vertrieb, Forschung und
Entwicklung, Lösungsschmiede, Einkauf, Projekte und Service,
sind klare Trennlinien zwischen den Verantwortlichkeiten und
Wertbeiträgen der einzelnen Einheiten oft schwer zu ziehen. Ist
die Organisation nicht richtig ausgerichtet, kann so ein Unternehmen nicht effizient funktionieren. Wenn etwas schiefläuft,
versucht jeder, die eigene Verantwortlichkeit abzustreiten und
auf andere zu zeigen. Der Vertrieb könnte dann behaupten: „Wir
können nicht verkaufen, weil wir nicht die richtigen Produkte
haben." Die Entwicklungsabteilung würde dann erklären: „Wir
haben nicht genügend Budget, um die Produkte zu entwickeln,
die der Markt verlangt." Die Mitarbeiter/-innen der Lösungsschmiede könnten sich ebenfalls herausreden: „Die Anforderungen dieses Kunden sind unerfüllbar, der Vertrieb muss nach-
verhandeln." Der Einkauf würde seinerseits einwerfen: „Die
Spezifikationen der Lösungsschmiede waren unvollständig." Das
Projekt wiederum beklagen: „Der Projektzeitplan war zu
eng." Und schließlich, am Ende der Wertschöpfungskette, würde
der Service ebenfalls auf Nummer sicher gehen: „Wir wurden zu
spät eingebunden!" Alle hätten eine gute Erklärung parat,
warum sie ihren Job nicht richtig machen können. In so einer
Situation wäre die einzige übergeordnete Instanz, die CEOs der
Unternehmen, gezwungen, einen Kampf zu führen, den sie nicht
gewinnen können. Anstatt sich um das Geschäft zu kümmern,
wären sie gezwungen, ihre ganze Zeit und Energie auf das
Schlichten dieser Grabenkämpfe zu vergeuden.

Es wäre ein großer Fehler zu erwarten, dass die Dinge von alleine in Ordnung kämen: „Erwachsene Leute sollten in der Lage
sein, die Köpfe zusammenzustecken und eine Lösung zu
finden." Es gibt mehrere Gründe, warum dies nicht passieren
wird. Erstens, weil, indem jemand das täte, diese Person

eingestehen würde, Teil des Problems zu sein. „Nicht mein Problem!" oder „Nicht mein Job!" sind typische Syndrome einer schlechten Organisationskultur. Vor einiger Zeit machte ein lustiges Bild im Internet die Runde und amüsierte viele Leute. Betitelt, „Gewinner des ‚Nicht mein Job!' Wettbewerbs", zeigte es eine frisch aufgebrachte Seitenmarkierung, die den genauen Konturen eines auf die Straße gefallen Astes folgte. Klare Sache: Es war nicht Aufgabe des Malers, den Ast zu entfernen, sondern nur die Linie zu ziehen. Es wäre naiv zu glauben, dass so etwas im richtigen Leben nicht passieren könnte. Für Manager/-innen sind solche Situationen schwer zu handhaben. Es wäre wie schwimmen in einem Schlammloch, hochklettern an einer Glasfassade oder wie bohren in einen Granitblock. Es fehlt jeglicher Griff, die Mühe ist enorm und der Fortschritt gering. Keine Führungskräfte können diesen permanenten Überlebens-kampf langfristig überstehen. Früher oder später werden sie gegebenenfalls durch andere ersetzt. Neue Manager/-innen schlagen dann irgendwann auf, mit neuen Plänen, neuen Meetings, neuen Leuten, neuen Veranstaltungen und neuen Beratern. Und die Geschichte geht von vorne los.

Permanent Führungskräfte auszutauschen, löst das Problem meistens nicht. In komplexen Geschäften ist das erforderliche Wissensprofil oft sehr spezifisch, und die Dynamik großer Orga-nisationen zu verstehen, braucht seine Zeit. Die Bestellung neuer Manager/-innen birgt deshalb immer Risiken. Diese könnten gegebenenfalls versuchen, neue Praktiken und neue Organisationskonzepte zu implementieren, die zwar in ihren vorangegangenen Jobs gut funktioniert haben, jedoch in der neuen Situation völlig unpassend sein könnten. Häufige Reorga-nisationen lösen das Problem ebenfalls nicht. Menschen mit geringer Motivation werden nie gute Leistungen erbringen, unabhängig von der organisatorischen Aufstellung.

Der Chemische Faktor

Ein zusätzliches Problem gestresster Organisationen ist eine hohe Personalabnutzung und Fluktuation. Früher oder später verlieren gute Mitarbeiter/-innen das Vertrauen in das Unternehmen und verlassen es. Die besten Leute werden vom Wettbewerb abgeworben, und viele gute Mitarbeitende schaffen es, anderweitig eine neue Einstellung zu finden. Auf der anderen Seite verharren schwache Mitarbeitende im Unternehmen, sodass schließlich nur noch unmotivierte Mitläufer/-innen übrig bleiben. Dies wäre dann das Ende.

Um so eine Schieflage zu vermeiden, müssen CEOs ihre engsten Mitarbeiter/-innen auf den unternehmerischen Gesamterfolg einschwören – und zwar rechtzeitig. Solange die Organisation aus einer gesunden Mischung aus Champions als Pioniere des Fortschritts und einer ausreichenden Anzahl von beständigen Leistungsträgern als deren Fundament besteht. Der gemeinsame Nenner aller muss ein glaubwürdiges übergeordnetes Unternehmensziel sein. Auch wenn individuelle Präferenzen immer eine gewisse Rolle spielen werden, müssen alle durch ihr gemeinsames Interesse am Erfolg des Unternehmens verbunden sein. Um von allen akzeptiert und getragen zu werden, muss so ein Ziel sowohl die Interessen des Unternehmens als auch die Belange der Mitarbeitenden berücksichtigen.

Naheliegend muss es das Ziel eines jeden Unternehmens sein, Gewinn zu erwirtschaften und daher etwas herzustellen, das Kunden schätzen. Das Interesse der meisten Mitarbeitenden ist berufliche Satisfaktion sowie angemessen entlohnt und fair behandelt zu werden. Generell verstehen und akzeptieren sie, dass ihr Unternehmen profitabel sein muss, da dieses ein unverzichtbares Element der wirtschaftlichen Tragfähigkeit ist. Sinnvolle Erzeugnisse zu produzieren ist etwas, das auch die Mitarbeitenden gerne möchten. Es gibt ihnen das gute Gefühl von Sinnhaftigkeit und macht sie stolz. Auf der anderen Seite müssen Manager/-innen verstehen, dass die Sorge um die Belange ihrer Leute sich langfristig bezahlt macht, indem sie die Motivation der Belegschaft fördert und deren Bindung zum Unternehmen stärkt. Folglich sind all diese Ziele vereinbar und lassen sich zu einem starken Unternehmensauftrag formulieren.

Viele der heutigen Managementansätze verfehlen dieses Ziel. Auch wenn sie formal ihre starke Bindung zum Unternehmen wiederholt unterstreichen, fühlen viele Menschen in ihren Herzen anders. Da von den Unternehmen manchmal nur als Ressourcen angesehen, die bestimmte Ergebnisse erzielen müssen, betrachten viele am Geschäftsgeschehen Beteiligte (Führungskräfte eingeschlossen) die Firma als nur ein Mittel zur Erfüllung ihrer persönlichen Ziele. Für manche ist dies die berufliche Herausforderung, für andere die Macht und Anerkennung, die mit einer Managementposition einhergehen, und für die meisten ist das wichtigste Ziel einfach mehr Geld. Selten ist das erste Interesse der Mitarbeitenden, ihrer Firma zu dienen. Diese Behauptung mag befremdlich sein, sie wird jedoch leider immer wieder bestätigt. Man muss sich zum Beispiel nur ansehen, wie viele Manager/-innen ihr Unternehmen verlassen, um zum stärksten Wettbewerber zu wechseln, und dabei ihr Wissen zum Nachteil ihrer früheren Firma nutzen. Mitarbeitende sorgen sich nicht um die Firma, und Letztere sorgt sich nicht um ihre Mitarbeitenden. In der Folge ist das Unternehmen für die meisten Beschäftigten etwas nicht Greifbares und Abstraktes. Deshalb ist es ihnen auch nicht möglich, eine emotionale Bindung zu diesem aufzubauen. Für die meisten Angestellten wäre die Frage, was die Firma für sie bedeutet, schwer zu beantworten. Sie würde nur stereotype Antworten produzieren, wie „Stolz, Teil eines großartigen Teams zu sein", jedoch nichts darüber hinaus.

Der Chemische Faktor

Betrachteten CEOs ihre Firma als ein ,Familienunternehmen‘, wäre dies ein komplett anderer Ansatz, der komplett andere Ergebnisse hervorbringen würde. Im Privatleben ist für die meisten Leute ihr Heim einer ihrer höchsten Werte, und sie würden alles tun, um es zu schützen. Gleichermaßen, könnten sie das Unternehmen als ihr berufliches Zuhause betrachten, würden die Mitarbeitenden die Interessen der Firma auf die gleiche Ebene setzen wie die eigenen, vielleicht sogar noch höher. Vielleicht nicht alle, und es wäre eher unrealistisch zu erwarten, dass jede oder jeder von Beginn an diese Einstellung teile. Dieser Kulturwandel ist ein langwieriger, von oben nach unten gerichteter Prozess und muss vom CEO angestoßen werden. In einem ersten Schritt sollte dieser Wandel das Kernteam der obersten Führungskraft eines Unternehmens umfassen. Der Zusammenhalt dieses inneren, aus vielleicht zehn bis fünfzehn Leuten bestehenden Kreises ist für den Unternehmenserfolg entscheidend. Anschließend kann dieser Kulturwandel dann Zug um Zug im ganzen Unternehmen heruntergebrochen und vollzogen werden.

Das ,Familienunternehmen‘-Konzept hat mit richtigen Familienbanden nichts zu tun, da keine der Beteiligten verwandt sein müssen. Im Gegenteil, solche Bande würden andere als geschäftsorientierte Interessen hervorbringen und wären deshalb nicht hilfreich. Das Wichtigste worum es geht, ist das Ergreifen von Eigentümerschaft über das Geschäft. Auch wenn die Mitarbeitenden nicht die rechtlichen Inhaber des Unternehmens sind, können sie dennoch motiviert werden, Eigentümerschaft zu ergreifen. Als ,Familienoberhaupt‘ müssen CEOs ihr Managementteam zur einer Interessengemeinschaft formen, die gänzlich auf den übergeordneten Unternehmenserfolg ausgerichtet ist. Dies geht weit über die Einrichtung formeller Regeln und Prozessen hinaus. Viel mehr heißt es vorzugeben, wie die einzelnen

Der Chemische Faktor

Mitglieder des Managementteams jeweils die Rolle der anderen verstehen müssen und wie sie miteinander umzugehen haben. Es heißt auch, Erfolg und Misserfolg aus einer ganzheitlichen Unternehmensperspektive zu definieren und festzulegen, was individuelle Verantwortung im Kontext des Gesamtunternehmens bedeutet. CEOs sollten klar zum Ausdruck bringen, dass sie individuelle Leistung für selbstverständlich erachten und dass wahrer Dienst für das Unternehmen dort beginnt, wo Mitarbeiter/-innen sich bei der Lösung von Problemen einbringen und zusammenarbeiten, auch außerhalb ihres direkten Verantwortungsbereichs. CEOs müssen ihre engsten Mitarbeiter/-innen versichern, dass es ihre Rolle sei, sie zu schützen, ihre Karrieren zu fördern und ihnen ein stimulierendes Arbeitsumfeld zu bieten, wo sie ihre Stärken bestmöglich einbringen können. Das Bindemittel, das dieses Team zusammenhält, ist gegenseitiges Vertrauen. Das Vertrauen ihrer Mitarbeitenden zu gewinnen, ist für Vorgesetzte keine leichte Aufgabe. Manche versuchen solches aufzubauen, indem sie Motivations-Workshops und andere Team-Events organisieren. Wie bereits erwähnt, funktioniert so etwas nicht, weil die Teilnehmer in diesen Zusammenkünften nicht ihr wahres Ich zeigen, sondern nur eine Rolle spielen. Vertrauen muss erarbeitet werden, Tag für Tag, und es erfordert Zeit und viel persönliches Engagement.

Der Prozess der jährlichen Festlegung von Geschäftszielen bietet Managern/-innen eine gute Gelegenheit, Vertrauen aufzubauen. Das Setzten unrealistischer Ziele ist eine der größten Ursachen für Misstrauen zwischen Vorgesetzten und ihren Mitarbeitenden. Manager/-innen sollten ihren Mitarbeitenden herausfordernde und dennoch erreichbare Ziele vorgeben und diese Ziele dann ihrerseits vor ihren Vorgesetzten verteidigen. Stattdessen akzeptieren viele, dass ihnen absurde Vorgaben von ihren Chefs/-innen diktiert werden, die sie dann ungefiltert an ihre

Der Chemische Faktor

Untergeordneten weiterreichen. Wenn diese falschen Erwartungen dann letztendlich nicht erfüllt werden können, hinterlässt dies frustrierte und demotivierte Mitarbeiter/-innen, die sich von ihren Vorgesetzten verraten und missbraucht fühlen.

Mitarbeitenden falsche Versprechungen zu machen, ist eine andere todsichere Methode, um Vertrauen zu zerstören. Für Manager/-innen kann es manchmal verlockend sein, Mitarbeitenden etwas wie eine Gehaltserhöhung oder Beförderung zu versprechen, damit diese einwilligen, einen unbequemen Job zu machen. Dies wäre akzeptabel, wenn solche Obligos dann auch eingelöst würden. Viel zu oft aber werden solche Versprechen nicht eingehalten. Manchmal, weil die Vorgesetzten sie einfach vergessen oder weil sie die damit verbundenen Mühen scheuen. Manchmal, weil sich die Bedingungen einfach geändert haben. Oft auch, weil in der Zwischenzeit andere Personen die Leitung der Organisation übernommen haben und sich an die Versprechen ihrer Vorgänger/-innen nicht mehrt gebunden sehen. In jedem Fall fühlen sich die Mitarbeitenden übergangen und verlieren ihr Vertrauen in ihre Manager/-innen und in das Unternehmen. Mitarbeitende machen manchmal auch falsche Versprechungen, zum Beispiel indem sie Ziele akzeptieren, die sie für unerreichbar halten, oder indem sie technische Lösungen vorschlagen, die sie nicht umsetzten können – alles gute Gründe, das Misstrauen ihrer Vorgesetzten zu ernten.

Manchmal nimmt das Misstrauen zwischen Führungskräften und ihren Mitarbeitenden bizarre Formen an. Manche Vorgesetzte wollen alles, und zwar sofort. Sie wollen große Aufträge und hohe Gewinne, sind aber nicht bereit, die damit verbundenen Risiken zu akzeptieren. Besonders in größeren Organisationen ist Risikoscheue ein weit verbreitetes Phänomen. Niemand möchte bloßgestellt werden, und manche ziehen es vor, ein

Der Chemische Faktor

Geschäft lieber zu verlieren, als Risiken einzugehen. Diese Risikoaversion ist oft darin begründet, dass Manager/-innen das Geschäft nicht gut genug verstehen oder von unfähigen und nicht vertrauenswürdigen Leuten umgeben sind. Wenn diese beiden Aspekte zusammenkommen, verstärken sie sich gegenseitig. Vorgesetzte, die nicht genügend Wissen über das Geschäft mitbringen oder von unzuverlässigen Mitarbeitenden umgeben sind, tun manchmal befremdliche Dinge. Um sich selbst zu schützen, verlangen sie von ihren Mitarbeitenden persönliche ‚Garantien' für den Erfolg geschäftlicher Unterfangen. „Ich mache sie persönlich verantwortlich!" Solche bizarre Praktiken sind aus mehreren Gründen blanker Unsinn. Erstens, weil jegliche persönliche Angelegenheiten aus dem Spiel gehalten werden sollten. Fähige Mitarbeiter/-innen würden einfach mit aller gebotenen Sorgfalt und Verantwortung an die Sache herangehen und ihr Bestes geben, um diese erfolgreich abzuschließen. Warum also sollten sie persönlich garantieren, dass sie ihren Job machen würden? Ohne zu verstehen, was sie tut, würde eine Person sowieso egal was garantieren. Zweitens, weil so eine ‚Garantie' wertlos wäre. Was könnten Manager/-innen damit anfangen? Zu ihren Vorgesetzten gehen und sich herausreden, indem sie auf ihre Leute zeigen? Sich hinter den eigenen Mitarbeitenden zu verstecken, würde bedeuten, ihre eigene Führungsrolle zu negieren. Darüber hinaus wäre eine solch feige Einstellung unprofessionell und zutiefst unethisch. Und drittens, weil solche Praktiken die Organisation vergiften, indem sie zulassen, dass Argwohn, Angst und Misstrauen das Geschäft regieren. Alles Dinge, von denen engagierte und verantwortungsvolle Führungskräfte gar nicht genügend Abstand halten könnten.

Fähig, Chancen und Risiken gut gegeneinander abzuwägen, werden gute Manager/-innen ihre Mitarbeitenden stets im

Der Chemische Faktor

Entscheidungsprozess unterstützen. Durch aktive Einbringung ihrer eigenen Erfahrung könnten sie einen wesentlichen Beitrag zur Steigerung der Reife ihrer Organisation leisten. Andererseits können starke Organisationen neuen Managern/-innen helfen, sich mit einem neuen Geschäft schnell vertraut zu machen, vorausgesetzt diese sind willig, sich von unpassenden Gewohnheiten zu trennen, Neues zu erlernen und sich den neuen Umständen anzupassen.

Formelle Regeln und Richtlinien sind notwendig, um das geschäftliche Geschehen zu steuern. Sie sind das Ergebnis der Erfahrungen, welche die Organisation über Jahre gesammelt hat, und somit ein wichtiges Instrument zur Sicherstellung effizienter Abläufe und zur kontinuierlichen Verbesserung. Sie sind auch eine wichtige Voraussetzung dafür, dass Geschäftsangelegenheiten immer mit der gebotenen Sorgfalt behandelt werden. Jedoch können Regeln allein die Effizienz von Unternehmen nicht sicherstellen. Manche Manager/-innen verstehen dies nicht und verlassen sich blind darauf, ohne den menschlichen Faktor mit zu berücksichtigen; obwohl dieser oft eine noch größere Rolle spielt. Auch wenn generell unabdingbar, können Regeln manchmal sogar eine Gefahr bedeuten. Besonders dann, wenn sie den gesunden Menschenverstand ersetzen. Ignorierend, dass gegebenenfalls dadurch ein wichtiges Geschäftsziel in Gefahr gebracht werden könnte, verfahren viele Menschen oft weiterhin strikt nach dem Buch und beharren starrsinnig auf den Regeln, nur um zu vermeiden, sich angreifbar zu machen.

In einem ‚Familienunternehmen‘ müssen die CEOs klar machen, dass sie genau das Gegenteil von ihren Managern/-innen erwarten. Sie werden ihnen die unternehmerische Freiheit einräumen, gegebenenfalls auch mal vom Regelwerk abzuweichen, um ein wichtiges Unterfangen zu ermöglichen oder um ein wichtiges Geschäftsziel zu unterstützen; vorausgesetzt sie können ihre Entscheidungen untermauern und übertreten dabei nicht gewisse rote Linien. Manchmal sind unorthodoxe Entscheidungen für den Geschäftserfolg notwendig, und Menschen sollten sich nicht fürchten, solche gelegentlich auch zu treffen. CEOs müssen ihre Mitarbeiter/-innen versichern, dass sie ihre Entscheidungen immer respektieren würden, solange diese dem Geschäftserfolg dienlich sind. Sie sollten auch klar machen, dass sie immer hinter ihren Leuten stünden; auch wenn mal ein Fehler passiert. In komplexen Geschäftsumfeldern können Fehler nie ganz ausgeschlossen werden, egal wie sorgfältig die Menschen arbeiten und wie präzise Prozesse befolgt werden. In einem ‚Familienunternehmen‘ würden Fehler primär dazu führen, dass die Mitarbeitenden über sich selbst enttäuscht wären. Echte Enttäuschung über die eigene unzureichende Leistung ist ein viel besserer Motivator als die Angst vor Konsequenzen.

Nur wenige Manager/-innen haben das Rüstzeug, ein echtes ‚Familienoberhaupt‘ zu werden. Die erforderlichen Fähigkeiten werden in der beruflichen Ausbildung nicht unterrichtet und können auch nicht in Seminaren erlernt werden. Eine gute Basis für eine erfolgreiche Managementkarriere wird in den frühen Erziehungsjahren gelegt, wenn sich Begriffe wie Respekt und Fairness im Charakter festsetzen. Diese Werte behalten ihre Gültigkeit auch im späteren Berufsleben. Der Rest ist Training am Job, lernen aus guten und schlechten Beispielen und, am aller wichtigsten, permanente Selbstreflexion über das eigene Managementverhalten.

Selbstvertrauen ist ein weiterer wichtiger Beisatz. Um sich selbst vertrauen zu können, muss eine Person etwas Besonderes zu bieten haben. Das Beste, was Führungskräfte bieten können, ist

Der Chemische Faktor

eine gute Vision und die Fähigkeit, Menschen zu begeistern, sich für die Verwirklichung dieser Vision zu engagieren – also ihren Mitarbeitenden eine berufliche Sinnhaftigkeit zu geben. Dieses Selbstvertrauen muss echter Bestandteil einer Führungsperson sein und nicht nur eine gespielte Attitüde. Viele Manager/-innen schauspielern in ihrer Funktion nur eine Rolle. Anstatt authentisch und nur sich selbst treu zu bleiben, starten viele in einer neuen Position, indem sie ein Drehbuch (‚tu dies, tu das') abarbeiten. Wen kümmert es wirklich, was Manager/-innen in ihren ersten 100 Tagen im Amt erreicht haben? Es sei denn, eines ihrer Ziele war, das Vertrauen ihrer Mitarbeitenden zu gewinnen. Sehr wenige Führungskräfte verwenden genügend Zeit darauf, in die Gedanken ihrer engsten Mitarbeitenden vorzudringen. In einem ‚Familienunternehmen' wissen die CEOs genau, was in den Köpfen der Mitglieder ihres Leitkreises vorgeht, was diese Personen antreibt und was ihre persönlichen Erwartungen (auch gegenüber ihren Vorgesetzten) sind. Dieses tiefgreifende gegenseitige Verständnis erfordert einen intensiven Austausch auf persönlicher Ebene und den Aufbau von Vertrauen. Und es erfordert Zeit.

Man kann nur einer Person vertrauen, die man gut kennt. CEOs müssen lernen, welchen Leuten sie vertrauen und auf welche sie sich nur verlassen können. Dies ist nicht das Gleiche. Man kann sich auf jemanden verlassen, eine bestimmte Aufgabe nach bestem Wissen und Gewissen zu erledigen. Jemandem zu vertrauen, dass die Entscheidungen dieser Person auch in schwierigen Situationen vom Gedanken zum Wohle des Unternehmens geleitet werden, ist eine andere Sache. Das Ausliefern eines versiegelten Umschlags mit einer wichtigen Geschäftsinformation erfordert eine verlässliche Person. Man kann jedoch nur eine vertrauenswürdige Person beauftragen, den Umschlag zu versiegeln und diesen auszuliefern.

Der Chemische Faktor

Anders als in einer echten Familie kann sich in einem ‚Familienunternehmen' das Oberhaupt seine engsten Mitarbeiter/-innen aussuchen, und nur vertrauenswürdige Personen sollten zu diesem Kreis zutritt finden.

Man könnte glauben, dass das Gewähren großzügiger Anreize eine geeignete Methode sei, die Eigentümerschaft über das Geschäft zu fördern. Diese Annahme ist jedoch falsch. Menschen neigen dazu, solche Annehmlichkeiten nach kurzer Zeit für selbstverständlich zu erachten. Als etwas, das ihnen das Unternehmen schuldet. Wenn eine Belohnung gegebenenfalls niedriger ausfällt als erwartet, sind sie enttäuscht und fühlen sich bestraft.

Eigentümerschaft fängt dort an, wo Menschen eine innere Verpflichtung verspüren, ihr Bestes für das Geschäft zu geben, und verstehen, dass der übergeordnete Geschäftserfolg direkt von ihrem Handeln und ihren Entscheidungen abhängt. Menschen zu ermutigen, Entscheidungen zu treffen, und diese Entscheidungen anschließend zu respektieren, ist ein starkes Mittel, um Vertrauen aufzubauen. Es ist Aufgabe der CEOs, eine positive Entscheidungskultur in ihren Unternehmen zu etablieren, in der individuelle Handlungsmandate und Verantwortlichkeiten klar definiert sind. Dazu gehört auch, ihren Managern/-innen klar zu machen, dass sie von ihnen erwarten, Entscheidungen zu treffen. Manche Führungskräfte scheuen sich, dies zu tun, und ziehen es vor, lieber bloß am Entscheidungsprozess zu partizipieren. Das Delegieren von Entscheidungen an die nächsthöhere Ebene ist eine in dieser Hinsicht weit verbreitete Unart. Manager/-innen müssen verstehen, dass das Fällen von Entscheidungen integraler Teil ihres Jobs ist und dass sie mit jeder getroffenen Entscheidung auch die Verantwortung für das Ergebnis übernehmen müssen.

Der Chemische Faktor

Einige Organisationsformen machen es Vorgesetzten schwer, Verantwortung zu delegieren, und den restlichen Beteiligten eher leicht, sich aus der Verantwortung für ihre Entscheidungen zu stehlen. Wie bereits erwähnt, ist in funktionalen Organisationen die Verantwortung schwer zuzuordnen, weil niemand außer der Person an der Spitze der Organisation für das Gesamtergebnis rechenschaftspflichtig ist. Deshalb passiert es oft, dass die Entscheidungen und das Handeln der einzelnen Abteilungen nicht zwingend auf den geschäftlichen Gesamterfolg ausgerichtet sind. So ein Organisationsaufbau kann in einem kleinen und eher einfachen Geschäft gut funktionieren. Er versagt jedoch oft im Fall höherer Komplexität, insbesondere dann, wenn CEOs es nicht schaffen, alle auf ein gemeinsames Ziel einzuschwören. Eine divisionale Aufstellung macht es einfacher, mit Verantwortung umzugehen. Hier sind Divisionsleiter/-innen für einen bestimmten Geschäftstyp ganzheitlich zuständig. Deshalb sollten sie auch alle für ihr Geschäft erforderlichen kritischen Ressourcen unter ihrer Kontrolle haben. Ein Eingreifen der CEOs in operative Angelegenheiten sollte auf ein Minimum reduziert werden und nur im Fall besonderes kritischer Transaktionen, in Angelegenheiten von globaler Bedeutung oder auf Verlangen der Divisionsleiter/-innen, sollten diese Unterstützung benötigen, erfolgen.

Eine bildliche Beschreibung unterschiedlicher Managementstile kann mit Hilfe einer Analogie zum Tischfußball gemacht werden. Manche Manager/-innen führen ihre Organisationen wie Tischfußballspieler/-innen. Sie kontrollieren alle Spielstangen und alle Spieler. Zu jeder Zeit. Sie sind für alle Spielzüge allein verantwortlich und somit auch für das Endergebnis. All ihre Spieler sind nur Ausführungsgehilfen. Welche talentierten Mitarbeitenden wären bereit, im richtigen Berufsleben in so einem Spiel mitzumachen? Das Gegenteil wäre, den Beteiligten die

Der Chemische Faktor

Spielregeln beizubringen, ihnen klar zu machen, was von ihnen erwartet wird, und sie einfach spielen zu lassen. Nach außen wären die Vorgesetzten nach wie vor für das Spielergebnis verantwortlich, doch innerhalb der Organisation wäre die Wahrnehmung von Eigenverantwortung und Eigentümerschaft über das Geschäft eine völlig andere. So ein Geschäftsumfeld wäre für gute Mitarbeiter/-innen bei weitem attraktiver.

Als ‚Familienoberhaupt' würden CEOs ihren Unternehmen ein völlig neues Gesicht verleihen. Sie würden das abstrakte und unnahbare Antlitz der Firma verändern und ihr einen menschlichen Zug geben. Sie würden das Unternehmen zu etwas machen, womit sich die Mitarbeitenden identifizieren und wo sie fühlen könnten, Teil einer größeren Erfolgsgeschichte zu sein. Etwas, wofür sie ehrlich Sorge tragen würden und wofür sie bereit wären, ihr Bestes zu geben, ohne gleich eine sofortige Belohnung zu erwarten. Etwas, das sie ihr berufliches Zuhause nennen könnten. Etwas, das man als ‚Familienunternehmen' bezeichnen könnte.

Der Chemische Faktor

Schlusswort

In seiner Essenz bedeutet Management, Leute zu führen. Das Fördern von Mitarbeitenden, zu ihrem eigenen Nutzen und zum Nutzen des Unternehmens, ist die höchste Genugtuung, die Führung bieten kann. Viele Manager/-innen verwechseln Führen mit Bestimmen über ihre Mitarbeitenden. Sie bewegen Menschen wie Figuren auf dem Schachbrett, auf dem jede dieser Figuren eine spezielle Fähigkeit besitzt und zu einer speziellen Handlung bestimmt ist. Schachgroßmeister sind in der Lage, die Züge ihrer Gegner smart vorauszusehen und die intelligentesten Strategien zu entwickeln, um das Spiel zu gewinnen. Sie verwalten klug ihre Figuren, wissend, wann es an der Zeit ist, die eine oder andere zu opfern oder einen Tausch vorzunehmen. Trotzdem, würde jemand diese Champions automatisch als gute Manager/-innen oder gar Führungspersönlichkeiten bezeichnen? Wahrscheinlich nicht. Würden diese außerordentlichen Fähigkeiten Menschen zu guten Managern/-innen machen? Nicht zwangsläufig, sie würden aber zweifellos helfen. Schachfiguren sind statisch und können keine zusätzlichen Fähigkeiten erlangen. Sie sind völlig voraussehbar. Bauern können nur jeweils einen Schritt vorwärts machen, und Türme können nur entlang einer geraden Linie laufen. Anders als die Figuren auf dem Schachbrett können Menschen sich aber verändern.
Ihre Fertigkeiten, ihr Glauben, ihr Verhalten und ihre Motivation werden weitgehend durch ihr Arbeitsumfeld geprägt. Gute Führungspersonen sind fähig, eine positive Arbeitskultur zu schaffen und Menschen zu inspirieren und zu motivieren, ihre Fähigkeiten auszubauen und ihre bestmögliche Leistung zu entfalten. Vertrauen und Respekt bilden das Fundament von Führung. Ohne diese Basis ist Führung zum Scheitern verdammt.

Der Chemische Faktor

Beklagenswerterweise werden in manchen Unternehmen Vertrauen und Respekt durch Angst und Autorität ersetzt. Für diese bedauerliche Situation gibt es mehrere Gründe. Es beginnt mit der Tatsache, dass das Erlernen von Respekt zunehmend in der Erziehung von Menschen an Bedeutung verloren hat. Indem Selbstverwirklichung zu ihrem höchsten persönlichen Ziel wurde, haben Menschen Reziprozität und Respekt Zug um Zug als unnützen Ballast abgeworfen. Andere respektvoll zu behandeln, bedeutet einen zusätzlichen Aufwand. Generell begegnen Menschen ihren Vorgesetzten mit Respekt. Dies ist jedoch mehr eine Notwendigkeit als eine innere Qualität, lassen sie diesen doch oft vermissen, wenn sie es mit Kollegen/-innen oder Untergeordneten zu tun haben. In Abwesenheit von Respekt kann Vertrauen nicht gedeihen. Niemand kann einer Person vertrauen, ohne diese zu respektieren. Wie bereits früher im Buch erwähnt, entsteht gegenseitiges Vertrauen nicht von selbst. Es muss erarbeitet werden und erfordert viel Mühe, sowohl seitens der Vorgesetzten als auch seitens ihrer Mitarbeitenden.

Aus Managersicht sind Angst und Autorität viel einfacher zu handhaben. Autorität ergibt sich üblicherweise automatisch aus der Position der Person in der Unternehmenshierarchie. Das Verbreiten von Angst auf Basis von Autorität erfordert nicht viel Aufwand, und es erfordert auch keine speziellen Fähigkeiten. Deshalb, je weniger Talent Manager/-innen haben, umso wahrscheinlicher ist es, dass Angst und Autorität die wichtigsten Instrumente in ihrem Führungsrepertoire werden.

Überraschenderweise lassen sich viele Menschen auch in unserer modernen Wirtschaft nach wie vor von Autorität blenden und empfinden Angst als eine damit intrinsisch verbundene Emotion. In der Folge werden Manager/-innen, die ihre Autorität

Der Chemische Faktor

zelebrieren und damit willentlich eine auf Angst und Subordination aufgebaute Kultur in ihren Organisationen schaffen, als mit Stärke und Aplomb ausgestattete Führungspersonen angesehen. Da sie es oft bis in die höchsten Unternehmensebenen schaffen, wird dieser ignorante und respektlose Managementstil fortgeschrieben und hat viele Organisationen infiziert.

Wenn es so einfach ist, mit Hilfe von Autorität und Angst zu führen, warum sollte dann jemand, der eine Managementfunktion antritt, den Extraaufwand auf sich nehmen und sich für einen auf Respekt und Vertrauen aufgebauten Karrierepfad entscheiden?

Meine Antwort auf diese Frage ist die Langzeitdividende, mit der ein solcher Führungsansatz belohnt wird – sowohl hinsichtlich der eigenen beruflichen Zufriedenheit als auch hinsichtlich des Geschäftserfolgs. Das Payback von Menschen, die respektvoll und vertrauensvoll behandelt werden, denen die nötigen Freiräume für ihre berufliche Entwicklung eingeräumt werden und die ermutigt werden, ihre eigenen Ideen einzubringen, ist enorm. Die höchste Belohnung, die Manager/-innen erhalten können, ist die Bestätigung seitens ihrer Mitarbeitenden, dass sie die richtige Person sind, um die Organisation zu führen. Für das Geschäft konkretisiert sich die langfristige Dividende von Respekt und Vertrauen in geringerer Personalfluktuation, höherer Produktivität, besserer Produktqualität und folglich gesteigerter Unternehmensperformance. Darüber hinaus hat eine positive Geschäftskultur aber auch einen hohen immateriellen Nutzen. Sie unterstützt die gute Reputation der Firma, zieht neue Talente an und veranlasst gute Mitarbeiter und Mitarbeiterinnen, im Unternehmen zu bleiben.

Der Chemische Faktor

Manager/-innen, die sich scheuen, einen solchen auf Respekt und Vertrauen aufgebauten Führungsstil zu praktizieren, verschwenden die Chance auf ein erfülltes Berufsleben. Früher oder später verschwinden sie dann, und die einzige Regung, die sie zurücklassen, ist das Gefühl der Erleichterung.

Diejenigen, welche die extra Anstrengung auf sich nehmen, sich nicht nur in den Dienst des Unternehmens, sondern auch in den ihrer Mitarbeitenden zu stellen, können zu großen Führungspersönlichkeiten heranwachsen und Teil des Vermächtnisses ihres Unternehmens werden.

Die große ökonomische Transformation, die mit dem heutigen enormen technologischen Fortschritt und dem sukzessiven Umstieg auf hybride Arbeitsmodelle einhergeht, wird wahrscheinlich die Geschäftskultur von Unternehmen nachhaltig verändern und wahren Managern/-innen mehr Platz einräumen. Das Bestehen im Wettbewerb der Unternehmen um die besten und talentiertesten Mitarbeiter/-innen erfordert einen neuen Managementstil in totalem Kontrast zu den auf Hierarchien, Unterwerfung und Autorität aufgebauten konventionellen Ansätzen.